新 电商精英系列教程

跨境电商独立站运营

阿里巴巴商学院 编著

电子工业出版社
Publishing House of Electronics Industry
北京·BEIJING

内 容 简 介

"电商精英系列教程"自从 2011 年问世以来，伴随着电商大潮在国内的兴起，已经热销 100 多万册，两次荣获电子工业出版社最佳品牌奖，成为全国范围内颇具影响力的电商系列教程，是几代电商人和院校学员学习的"绿色记忆"。中间经过几个版本的更新迭代，2023 年，第 3 次升级版"新电商精英系列教程"（本套丛书）问世！

本套丛书均配有 PPT 课件，由阿里巴巴商学院召集多位优秀电商讲师和电商领域的专家、学者编写，丛书包括 8 本：《网店推广》（第 3 版）、《电商直播》、《电商运营》（第 3 版）、《网店美工》（第 3 版）、《网店客服》（第 3 版）、《跨境电商物流》、《跨境电商营销》、《跨境电商独立站运营》。

《跨境电商独立站运营》内容涵盖跨境电商绪论、Shopify 独立站、Shoplazza 独立站、OpenCart 独立站、独立站 SEO、独立站搜索引擎的付费推广、独立站订单处理与国际物流。本书由编者根据多年实战经验精心编写，循序渐进地介绍了独立站运营的核心知识和操作要点，是一本兼具理论与实务的教科书。

本书既可作为各类院校电商类专业的教材，又可作为网络创业者和电商从业人员的参考用书。

未经许可，不得以任何方式复制或抄袭本书之部分或全部内容。
版权所有，侵权必究。

图书在版编目（CIP）数据

跨境电商独立站运营 / 阿里巴巴商学院编著．—北京：电子工业出版社，2023.8
新电商精英系列教程
ISBN 978-7-121-46136-1

Ⅰ．①跨… Ⅱ．①阿… Ⅲ．①电子商务－运营管理－教材 Ⅳ．①F713.365.1

中国国家版本馆 CIP 数据核字（2023）第 153411 号

责任编辑：张彦红
印　　刷：三河市良远印务有限公司
装　　订：三河市良远印务有限公司
出版发行：电子工业出版社
　　　　　北京市海淀区万寿路 173 信箱　　邮编：100036
开　　本：787×980　1/16　　印张：18　　字数：346 千字
版　　次：2023 年 8 月第 1 版
印　　次：2023 年 8 月第 1 次印刷
定　　价：69.00 元

凡所购买电子工业出版社图书有缺损问题，请向购买书店调换。若书店售缺，请与本社发行部联系，联系及邮购电话：（010）88254888，88258888。

质量投诉请发邮件至 zlts@phei.com.cn，盗版侵权举报请发邮件到 dbqq@phei.com.cn。
本书咨询联系方式：faq@phei.com.cn。

"新电商精英系列教程"编写委员会

主　　任：章剑林　阿里巴巴商学院　执行院长、教授
副 主 任：范志刚　阿里巴巴商学院　副院长、副教授
委　　员：刘　闯　阿里巴巴商学院　博士、教授
　　　　　徐瑶之　阿里巴巴商学院　博士、副教授
　　　　　孙　璐　阿里巴巴商学院　博士、副教授
　　　　　潘洪刚　阿里巴巴商学院　博士、讲师
　　　　　赵子溢　阿里巴巴商学院　博士、讲师
　　　　　丁言乔　阿里巴巴商学院　博士、讲师

丛书编写企业专家组成员：

　　　　陈　林　李文渊　徐鹏飞　朱华杰

　　　　庞欣然　王晓琳　杨志远　李　广

　　　　上官洪贵　王　鹏　施建亮

组织单位： 杭州师范大学阿里巴巴商学院

序

数字经济的崛起与繁荣，赋予了经济社会发展的"新领域、新赛道"和"新动能、新优势"，正在成为引领中国经济增长和社会发展的重要力量。电子商务作为数字经济中极具活力和发展潜力的领域之一，持续推动着数字时代各行业商业模式的创新和转型，2022 年，全国网上零售额 13.79 万亿元，产业电商市场规模达 31.4 万亿元。随着技术和社会媒体的不断发展，电商行业正在经历着新的转型和变革，在这个过程中，越来越强调消费者体验。智能化进程加速、社交电商和直播电商的崛起，以及数字货币和元宇宙的应用成了当前电商行业的最新趋势，进一步推动电商成为中国经济社会转型发展的重要一极。

新技术的应用，如移动互联网、人工智能和区块链等，推动了电商快速发展和营销模式不断创新。同时，这些技术也对整个电商生态系统中的各类参与方提出了更高的要求。从区域发展的角度来看，各大电商龙头企业争夺的"主战场"已经从一二线城市扩展到三四线城市，并向东南亚、非洲和中东等新兴电商市场转移。下沉市场和跨境电商则成为新的风口。从电商平台模式创新的角度来看，传统主流电商平台规则在不断升级，而新涌现的 O2O、社交电商和直播电商等多种新模式更注重消费者个性化需求和购物体验。电商创业者必须具备更前沿化和技术化的知识，以适应以数据驱动、网络协同和客户体验为核心要素的智能商务时代。

在过去三十年中，电商人才培养已经取得了显著的成果。然而，如何更好地培养电商人才以适应行业发展是一个难以回避的问题。一方面，新的电商模式和后发地区的电商升级都面临着电商人才短缺的问题。虽然在校电商专业的学生掌握了一定的理论知识，但在实际操作和应用层面，他们往往难以满足最前沿的行业技能要求。从业人员在实践中积累的知识往往零散、片段化，缺乏必要的体系和提升。另一方面，国内现有的电商相关专业课程和培训内容难以与时俱进。传统的工业时代教育体系已经不能适应新经济时代对人才巨大且崭新的知识要求。

教育部高等学校电子商务类专业教学指导委员会在过去数年中，在电商人才培养的总体目标、专业素质构成、培训体系设置以及产教融合拓展等方面开展了大量的工作，取得了多项宝贵共识。作为该委员会的一员，笔者参与并见证了国内电商人才培养的改革和创新，深知要在互联网发展日新月异的情境下保持相应知识内容体系的适应性，既是一项振奋人心的任务，更是一个非常艰巨的挑战。电子商务创新创业人才的培养，必须一如既往地秉承前沿理念，紧跟行业领域的技术及市场趋势，形成更具时代感的电商创新创业知识体系，为电商行业的发展注入新的活力。

多年来，笔者所在的阿里巴巴商学院一直致力于满足新经济时代不断变化和升级的需求，在电商和数字经济领域创新型人才的教育、培训和教材方面做了大量卓有成效的工作，为行业和社会各界输送了成千上万名高素质电商人才。这次学院组织召集了三十余位活跃于电商一线的资深创业者和优秀商家、高等院校一线教师，以及教育部高等学校电子商务类专业教学指导委员会专家，对"新电商精英系列教程"进行了新一轮的升级，既考虑到数字经济时代的新变化和新需求，也兼顾到电商新竞争格局中涌现出的新主体和新规则。我们相信，这套教材将成为电商人才培养探索的重要里程碑，能够积极促进电商行业的发展，同时也将为广大创业者和从业者提供有价值的参考。

章剑林
阿里巴巴商学院执行院长
教育部高等学校电子商务类专业教学指导委员会副主任
2023 年 4 月于杭州

再版前言

"电商精英系列教程"自从 2011 年问世以来，伴随着电商大潮在国内的兴起，已经热销 100 多万册，两次荣获电子工业出版社最佳品牌奖。成为全国范围内颇具影响力的电商系列教程，是几代电商人和院校学员学习的"绿色记忆"。

2016 年，电子工业出版社推出丛书升级版："新电商精英系列教程"。2019 年，第 2 次升级版"新电商精英系列教程"问世！2023 年，第 3 次升级版"新电商精英系列教程"（本套丛书）问世！

本套丛书为电商创业者、从业者和大中专院校的电商相关专业学生提供了一系列体系化，具有实践性和可操作性的电商知识内容。这些知识不仅让电商行业人才的技能及素质得到了极大提升，更是让我们一起见证了电商行业最激动人心的时代！

实践总是超前于理论的发展，系统的学习必须要对来自实践的知识进行梳理与总结。阿里巴巴商学院发起了此轮（第 3 次升级版）修订工作，旨在"培养一批能够适应新技术和新模式快速涌现的电商实操型人才"。我们密切关注新经济趋势，深度调研电商行业人才能力构成，并严格把关教材内容和作者筛选。历时近六个月，在三十余位活跃于电商一线的资深创业者和优秀商家、高等院校一线教师，以及教育部高等学校电子商务类专业教学指导委员会专家的共同努力下，我们完成了这套新版"新电商精英系列教程"教材。本次修订体现了以下几个新特点。

第一，新版教材更符合电商前沿知识体系需求。

在多方专家讨论的基础上，新版教材新增和优化了跨境电商独立站运营、跨境电商营销、跨境电商物流三个专题，进一步契合移动互联网时代及全球化电商运营的现实场景，为电商从业人员提供了更为系统化的基础知识。通过增加的这三个专题，读者可以更深入地了解电商的最新发展趋势和运营方法，有助于帮助他们更好地应对市场变化和提高竞争力。

第二，电商产教整合，实现优质内容发布。

编委会邀请三十余位活跃于电商一线的资深创业者和优秀商家、高等院校一线教师，以及教育部高等学校电子商务类专业教学指导委员会专家共同参与编写本书，既保证了内容具有切实的指导性和可操作性，又保证了图书内容的逻辑性和条理性。通过产教整合，本书能够更好地满足电商行业从业者的实际需要，提高读者的学习效果。

第三，全方位优化设计，提高电商相关专业学生的学习体验。

编写团队在创作初期便开始考虑如何将新版教材更广泛地应用到高等院校中电商相关专业的全日制大学生群体及自学人员。在内容上，本书结合高校学生培养特点做了相关设计，如在各章都安排有练习题等。这些优化的设计可以帮助读者更深入地理解和掌握电商知识，让学习过程更加轻松、简单和有效。

《跨境电商独立站运营》是本轮升级版教材的重要组成部分，全书共分7章，其中第1章由徐鹏飞编写，主要内容是跨境电商独立站的简介，包括独立站的定义、特点、与第三方平台的对比及建站准备等；第2~4章由王金歌编写，主要内容是常用独立站建站平台简介及独立站基础操作，不仅介绍了主要建站平台，还讲解了独立站建站的基础操作，便于读者从容上手；第5章由沈申斌编写，主要内容是独立站搜索引擎优化，包括独立站SEO的含义、关键词研究及站内外SEO；第6章由王金歌编写，主要内容是独立站搜索引擎推广，包括国外常用搜索引擎、广告账户的注册和付费推广等操作；第7章由徐鹏飞编写，主要内容是独立站订单处理与国际物流，介绍了常用跨境物流渠道及订单处理流程。此外，范志刚、孙璐等人也为本书做出了贡献。

本书凝聚了诸多优秀商家的智慧与心血，编写工作得到了政产学各界领导、专家、学者的关心和支持，部分素材、数据来源于行业内权威的研究机构及相关网站信息，在此一并表示感谢！

由于电商行业的发展日新月异，编写组水平有限，书中难免有不当之处，敬请广大读者指正。

"新电商精英系列教程"编写委员会

目 录

第1章 跨境电商绪论 1

    1.1 独立站的定义和特点 2

        1.1.1 独立站的定义 2

        1.1.2 独立站的特点 2

    1.2 独立站与第三方平台的对比 3

        1.2.1 运营自主性 3

        1.2.2 品牌与流量 3

        1.2.3 数据完整性 4

    1.3 独立站建站方式 5

        1.3.1 通过独立站建站平台建站 5

        1.3.2 自建独立站 5

    1.4 独立站的发展方向 6

        1.4.1 切中利基市场，深耕单一品类 6

        1.4.2 利用流量红利，跨类别运营 6

1.5 建站准备 6
1.5.1 独立顶级域名 6
1.5.2 收付款账号 7
1.5.3 物流账号 7
1.5.4 社交账号 8
本章习题 8

第2章 Shopify 独立站 9
2.1 Shopify 简介 10
2.2 Shopify 基础操作 11
2.2.1 Shopify 注册 11
2.2.2 Shopify 套餐介绍 14
2.2.3 后台功能简介 16
2.2.4 Shopify 设置 30
本章习题 50

第3章 Shoplazza 独立站 51
3.1 Shoplazza 简介 52
3.2 Shoplazza 基础操作 52
3.2.1 Shoplazza 注册 52
3.2.2 Shoplazza 套餐介绍 54
3.2.3 后台功能简介 55
本章习题 91

第 4 章　OpenCart 独立站 93

4.1　OpenCart 简介 94
4.2　OpenCart 基础操作 94
4.2.1　OpenCart 注册 94
4.2.2　后台功能简介 100
4.3　做好独立站的关键点 147
本章习题 149

第 5 章　独立站 SEO 150

5.1　什么是 SEO 151
5.1.1　SEO 的含义 151
5.1.2　独立站为什么一定要做 SEO 153
5.2　Google 搜索的工作方式 155
5.2.1　抓取和索引 156
5.2.2　搜索结果中的标题和描述内容 159
5.2.3　SEO 实用搜索指令 161
5.3　关键词研究 163
5.3.1　什么是关键词研究，为什么它很重要 163
5.3.2　怎样寻找合适的关键词 164
5.3.3　关键词竞争程度的判断 166
5.3.4　长尾关键词——不可忽略的长尾理论 167
5.4　独立站结构的规范和优化 169
5.4.1　网站结构 169
5.4.2　为什么网站结构对于独立站 SEO 来说至关重要 170

5.4.3　导航栏目要清晰 171

　　　5.4.4　网址的规范化和优化 172

　　　5.4.5　静态网址和动态网址 173

　　　5.4.6　减少重复的内容 174

　　　5.4.7　网站内部链接 175

　　　5.4.8　404 错误页面的设计 176

5.5　独立站的页面 SEO 177

　　　5.5.1　标题标签的优化 177

　　　5.5.2　描述标签的优化 178

　　　5.5.3　正文中的关键词密度 179

　　　5.5.4　H 标签的使用 180

　　　5.5.5　Alt 标签 181

　　　5.5.6　社交媒体按钮 182

　　　5.5.7　Open Graph 元标签的作用 183

　　　5.5.8　提高页面打开速度 184

5.6　站外 SEO 和外部链接建设 185

　　　5.6.1　什么是站外 SEO 186

　　　5.6.2　为什么站外 SEO 很重要 186

　　　5.6.3　决定站外 SEO 质量好坏的因素 187

　　　5.6.4　获得外部链接的不同方式 188

5.7　SEO 中必须要避免的作弊行为 191

　　　5.7.1　自动生成内容 192

　　　5.7.2　隐藏文字和链接 193

5.7.3　关键词堆砌 193
　　5.7.4　桥页 194
　　5.7.5　大量购买廉价外部链接 194
　　5.7.6　文章仿写 195
　　5.7.7　被黑内容 196
　　5.7.8　内容贫乏的联属网站上的网页 196
　　5.7.9　恶意软件和垃圾软件 197
　　5.7.10　用户生成的垃圾内容 197
　　5.7.11　其他可能导致网站遭降权或移除的行为 197
　5.8　SEO 在 Shopify 中的应用 198
　　5.8.1　Shopify 自动预设了部分 SEO 功能 198
　　5.8.2　为 Shopify 站点开通 Google Analytics 4 功能 198
　　5.8.3　为网站开通 Google Search Console 203
　　5.8.4　网址的优化 208
　　5.8.5　优化标题标签和描述标签的内容 208
　　5.8.6　优化产品页面正文的内容 210
　　5.8.7　优化图片 Alt 标签 210
　　5.8.8　根据长尾关键词创建博客 211
　本章习题 212

第 6 章　独立站搜索引擎的付费推广 214
　6.1　Google Ads 215
　　6.1.1　Google 简介 215
　　6.1.2　前期准备工作 216

  6.1.3 常见广告形式 216
  6.1.4 有用工具介绍 222
  6.1.5 操作技巧 224
6.2 Yandex 225
  6.2.1 Yandex 简介 225
  6.2.2 前期准备工作 226
  6.2.3 创建广告 227
  6.2.4 有用工具介绍 229
  6.2.5 账户优化技巧 232
6.3 NAVER 232
  6.3.1 NAVER 简介 232
  6.3.2 注册广告账户 233
  6.3.3 常见广告类型 233
6.4 Yahoo 237
  6.4.1 Yahoo 的特征及优势 237
  6.4.2 注册广告账户 238
  6.4.3 常见广告类型 241
6.5 总结：如何做好搜索引擎付费推广 242
  6.5.1 优化网站、安装代码 242
  6.5.2 完善素材资源、关注账户 242
  6.5.3 效果衡量 242
本章习题 243

第 7 章 独立站订单处理与国际物流 ... 244

7.1 跨境物流渠道 ... 245
- 7.1.1 中国邮政国际包裹 ... 245
- 7.1.2 商业快递 ... 246
- 7.1.3 物流整合服务商 ... 247
- 7.1.4 海外仓发货 ... 247

7.2 订单发货实操 ... 248
- 7.2.1 订单处理流程 ... 248
- 7.2.2 国际运单创建 ... 250

本章习题 ... 253

附录 A SEO 常用术语 ... 255

附录 B SEO 工具推荐 ... 268

附录 C 关键词研究的工具 ... 270

附录 D 本书习题参考答案 ... 272

第1章 跨境电商绪论

随着跨境电商行业的发展，电商平台层出不穷，卖家也越来越多。据第三方统计，2021年亚马逊的卖家数量已增长到950万个，其中约有250万个活跃卖家，仅2020年亚马逊卖家的增长数量就超过100万个。

与此同时，平台上的竞争愈发激烈，品类限制也更加严格，亚马逊对买家信息的保护使卖家难以直接接触到买家，于是不少卖家就把目光转向了独立站。据统计，国内销售额排名前十的跨境电商卖家几乎全部建立了独立站，采用了平台电商加独立站的双重销售方式，有些卖家在独立站上的销售额已经超过了在第三方平台上的销售额。

1.1 独立站的定义和特点

1.1.1 独立站的定义

独立站在跨境电商领域中是指卖家自行建立的直接面向终端消费者的网站，通常卖家直接拥有独立域名和能自主控制的后台，可在法律允许的范围内，自主决定网站的视觉风格、商店规则、商品品类、价格水平等。

一般来说，卖家自建的具有在线销售功能的品牌电商网站也可以被称为独立站，为区别于第三方平台，独立站有时也被叫作自建站。

1.1.2 独立站的特点

独立站通常有以下特点。

（1）卖家拥有独立的顶级域名。顶级域名是独立站区别于平台电商的重要标志，特别是使用SaaS（Software-as-a-Service，软件即服务）平台的独立站。顶级域名是独立站与平台电商的最大区别。

（2）DTC（Direct to Consumer，直接面向消费者）营销模式。通过DTC营销模式，卖家可以直接与买家沟通，及时获得买家反馈，并且卖家无须支付高昂的平台佣金。

（3）仅销售卖家自主上架的商品。独立站是由卖家自己掌握的网站，因此卖家可以自主上架能够销售的商品。只要法律法规允许，卖家就可以上架任意商品，并且在自己的独立站上，也没有其他卖家的竞争。

（4）独立制定规则。卖家可以自行制定独立站的销售规则、活动规则，选择物流发货渠道，无须交保证金，也不受第三方平台的限制。

（5）完整的销售数据。卖家不仅可以跟踪买家在独立站上的访问轨迹和频率，以便分析受欢迎的商品和页面，还能够直接获得买家的联系方式。

1.2 独立站与第三方平台的对比

1.2.1 运营自主性

独立站由卖家自行建立，因此卖家对独立站的运营通常具有自主性，具体体现在以下几点。

（1）自主选择商品品类：第三方平台通常有品类规则限制，但卖家可以通过独立站销售几乎任何合法商品。

（2）自主制定销售规则：第三方平台往往会有商品质量、商品评论等店铺绩效规则，但独立站的规则由卖家自主制定，只要正常运营，卖家通常无须担心违反此类规则。

（3）自主制定运营活动：第三方平台往往有一些秒杀、大促等平台类活动，只有特定商品或受邀卖家可以参加，但卖家在独立站可以任意设置此类活动。

（4）自主选择物流渠道等。一些第三方平台需要通过平台自有物流渠道或海外仓发货，但卖家在独立站可以使用任意可用的物流渠道，包括第三方平台采购发货或海外仓发货等超低资产、超快速度的物流渠道。

1.2.2 品牌与流量

独立站由卖家自主建立和所有，因此在品牌塑造和流量方面与第三方平台有较大差异。

（1）独立站完全展示卖家所想展示的内容，而第三方平台则展示平台上所有卖家的商品，因此独立站对卖家的品牌展示和塑造能力强于第三方平台。

（2）独立站的流量完全依赖于卖家运营和推广，起步时往往没有自然流量，起步信任度较低、转化率也低，需要进行大量的运营和推广，卖家必须在开展独立站业务之前知晓运营和推广的难度及重要性，后续章节也将着重介绍此部分内容，而第三方平台由于平台本身浏览量较大，卖家的商品通常能够获得一部分起步流量，有平台背书，转化率也相对较高。

1.2.3 数据完整性

第三方平台使用平台内的数据分析程序，为卖家展示的数据是有限的，而独立站不仅可以通过自建统计程序来分析访客数据，还可以借助强大的 Google Analytics（见图 1-1）、Meta Pixel 等第三方数据分析工具，除能获得买家的基本信息外，还能够获得浏览来源、网页行为、受众群体特征等数据。

图 1-1 Google Analytics

最后，用表格来展示独立站和第三方平台的对比，如表 1-1 所示。

表 1-1 独立站和第三方平台的对比

	独 立 站	第三方平台
商品品类	几乎可以自由选择任何合法商品★	受限于平台品类规则
销售规则	自主制定销售规则★	受限于平台销售规则
运营活动	自主制定运营活动★	特定商品或受邀卖家参加活动
物流渠道	自由选择物流渠道★	以平台支持的物流渠道为准
品牌展示	品牌展示能力较强★	品牌展示能力较弱
流量转化	起步流量小，信任度低，转化率低，依赖运营和推广	有平台自然流量，平台信任度高，转化率高★
数据完整性	能获得完整访问数据★	受限于平台

注：★为优势。

1.3 独立站建站方式

在独立站发展早期,卖家想建立独立站需要有强大的技术团队去开发独立站程序,并对接相应的物流公司和支付平台,建站成本相当高昂,仅有少数跨国企业有资本去建立独立站。随着互联网的发展,独立站的建站方式也越来越多,一般包括通过独立站建站平台建站和自建独立站。从技术层面看,建设独立站已经有了成熟的模块化系统,建站并不难。

1.3.1 通过独立站建站平台建站

独立站建站平台通常是指基于 SaaS 模式的建立独立站的平台,也是目前上手最快的独立站建站方式。通过基于 SaaS 模式的独立站建站平台,卖家不需要技术团队,就可以轻易搭建支持商品管理、营销活动、支付、物流等服务的独立站。本教材介绍的独立站建站平台涉及 Shopify、Shoplazza 等平台,特别是 Shopify,全球已有超过 200 万个卖家,具有丰富的第三方应用,可以满足大多数卖家的建站需求。

1.3.2 自建独立站

自建独立站是指卖家通过技术开发的方式建立独立站,卖家需要完成网站的前后端页面制作、商品及库存管理、物流和收款方式对接等一系列基本建站操作。

与建站平台相比,自建独立站具有技术门槛更高、独立性和可定制性更强等特点。自建独立站通常需要设计、前端、程序开发等技术团队,因此综合开发成本较高,适合有技术基础或有资金实力的卖家。不过,自建独立站的卖家可以在建站过程中根据自身需求,完全控制网站结构、产品和库存的管理方式、营销活动、物流和收款方式等。

基于 WordPress、Magento、OpenCart 等开源程序进行二次开发而建立的独立站,一般也被认为是自建独立站。使用开源程序建站的技术门槛相对较低,而且由于使用人数众多,相应平台的技术资料、插件等开发工具也比较丰富,适合有一定技术基础的卖家建站使用。

1.4 独立站的发展方向

1.4.1 切中利基市场，深耕单一品类

利基市场来源于英语 Niche Market，是指在较大的细分市场中，通过高度专业化、定制化的产品和服务，满足小众群体特定需求的市场。由于市场需求小众且专业化、定制化程度较高，行业巨头往往无视这些市场或无法降低满足这些市场的成本，因此非常适合提供专业化、定制化产品和服务的卖家。

独立站建站之初往往缺少自然流量、客户信任度较低，因此不少独立站采取了切中利基市场，深耕单一品类的选品策略。采用这种策略，一般初始浏览量不高，但订单转化率不低，订单利润率也比较高。

1.4.2 利用流量红利，跨类别运营

在短视频迅速流行的当下，不少在社交媒体、短视频平台成长起来的"网红"拥有较大的流量，此时采用独立站将流量变现是一种较好的方式。

卖家可以通过社交媒体、短视频平台的"网红"为独立站引流，促使"网红"的粉丝在独立站成交产品和服务，为独立站积累客户和会员，以建立长期销售渠道。

1.5 建站准备

1.5.1 独立顶级域名

独立域名是独立站的基本特征，独立域名在全世界都不会重复。

顶级域名又称一级域名，是直接以.com、.net、.org 为后缀的域名。

除某些国家，如日本、英国等可能流行.co.jp、.co.uk 等二级域名外，其他国家的卖家应该尽量为独立站准备独立顶级域名，独立顶级域名具备可信度高、所有权可控、容易记忆、搜索引擎权重高等特点，并且使用独立顶级域名，卖家可以拥有自己的域名邮

箱，这样与买家联系更为正式。

卖家可以通过阿里云、腾讯云、GoDaddy 等国内外域名注册平台获得独立顶级域名。面向全球买家，推荐使用.com 顶级域名；面向特定国家买家，卖家也可以使用当地区域顶级域名（日本、英国等国除外）。

独立顶级域名应尽量与品牌或产品定位相关联，如与产品英文、品牌等相关，并应该做到简单、好记、不侵权。

1.5.2 收付款账号

跨境独立站收款一般有第三方平台收款、信用卡收单等方式。收款平台较多，国内卖家通常通过 PayPal 平台收款或信用卡收单机构收款。

PayPal 平台支持中国企业注册和收单，并且多数独立站都集成支持 PayPal 账户收款，使用较为方便。早期 PayPal 的注册门槛很低，近些年由于网络诈骗等情况增多，PayPal 平台对放款也有了一定要求，如必须买家确认收货后才放款，如果有买家投诉，资金可能被冻结，因此卖家应正当运营。

国内的 PayEase、PingPong、LianLianPay 等信用卡收单平台一般也都支持常用独立站收单，不过信用卡收单对企业资信有一定要求，这里不再赘述。

1.5.3 物流账号

在订单量少的时候，卖家可以自主发货，如果是国际物流则可以通过第三方货代发货；在订单量较多的情况下，卖家应该与物流承运商合作，获取相应的物流账号，以便获得更便捷的发货方式和更优惠的价格。

国内发货量较大的跨境物流有中国邮政等服务商，国际主要承运商在中国也都开展了国际运输业务，另外还有物流整合服务商递四方（4PX）、燕文、纵腾等为跨境卖家提供了大量发货渠道和专线渠道，比较适合独立站卖家。

订单处理和国际物流发货将在后文进行介绍。

1.5.4 社交账号

邮箱、Facebook、Facebook Messenger、Instagram、WhatsApp等通常是卖家与国外买家沟通的主要方式,建议卖家提前准备好相应的社交账号。

本章习题

一、选择题

1. 单选题

(1) 独立站是卖家自行建立的直接面向(　　)的网站。

A. 第三方平台　　　　　　B. 批发商

C. 终端消费者　　　　　　D. 经销商

(2) 以下对独立站的特点描述正确的是(　　)。

A. 拥有独立顶级域名　　　B. 只能销售平台指定的商品

C. 不能制定促销活动　　　D. 只能通过平台物流发货

2. 多选题

(1) 独立站与第三方平台相比,优点有(　　)。

A. 几乎可以销售任何合法商品

B. 自主制定销售规则和运营活动

C. 品牌展示能力强

D. 有平台自然流量

(2) 建立独立站需要准备(　　)。

A. 独立顶级域名　　　　　B. 收付款账号

C. 物流账号　　　　　　　D. 社交账号

二、问答题

简述独立站的发展方向。

第 2 章

Shopify 独立站

通过 Shopify 平台建站是近几年非常流行的建站方式，因此在本章着重介绍。Shopify 平台简单易用，建站素材丰富，运行规则也简单，不用自己编写代码，只要设置各种模板、插件，便可以快速建站。

2.1　Shopify 简介

Shopify 由托比亚斯·卢克于 2006 年正式创建，他在 2004 年自己建设的网上商店 SnowDevil（见图 2-1）的基础上，不断完善，研究开发出了一个基于 SaaS 模式的电子商务服务平台 Shopify，Shopify 英文网站、中文网站分别如图 2-2、图 2-3 所示。

图 2-1　SnowDevil 网店页面

图 2-2　Shopify 英文网站

图 2-3　Shopify 中文网站

2.2　Shopify 基础操作

2.2.1　Shopify 注册

　　Shopify 的中文网站和英文网站都可以注册，注册时需要填写的内容有一些差异，但是注册后可以使用的功能是一样的。以中文网站为例进行说明，单击"免费试用 3 天"按钮（试用天数根据 Shopify 政策会有所调整），如图 2-4 所示。

图 2-4　单击"免费试用 3 天"按钮

进入资料填写页面，填写的内容在不同时期会随着 Shopify 平台的设定而有所不同。如图 2-5 所示，按照网页提示输入已经注册的电子邮箱，设定密码，输入商店名称。此处需要填写的商店名称和商店 URL 后期可以修改，因此此时可以随意填写。接着，单击"创建商店"按钮进入更详细的内容填写页面，如图 2-6 所示。

图 2-5　资料填写页面

（a）

图 2-6　内容填写页面

（b）

图 2-6　内容填写页面（续）

填写完信息后，单击"进入我的商店"按钮，便进入 Shopify 后台首页，如图 2-7 所示。

图 2-7　Shopify 后台首页

最后一步，验证邮箱。登录注册时使用的邮箱，你会发现一封验证邮箱的邮件，邮件的内容如图 2-8 所示，单击"确认邮箱"按钮，出现如图 2-9 所示的页面，便完成邮箱验证。

图 2-8　邮件的内容　　　　　　　　图 2-9　邮箱验证成功页面

2.2.2　Shopify 套餐介绍

Shopify 有 3 天的免费试用期，试用期过后，如果你想继续使用商店，就需要购买套餐，否则就无法进入商店后台，如图 2-10 所示。Shopify 主推的套餐有 3 种，价格越高，功能就越齐全，套餐价格及相对应的具体功能如图 2-11 所示。另外，还有两种套餐——Shopify Starter 套餐和 Shopify Plus 套餐，Shopify Starter 套餐一个月仅需 5 美元，功能如图 2-12 所示。新手可以先购买 20 美元的基础版套餐进行试验，按月付月租，等熟悉操作并且独立站的销量达到一定的水平后，再考虑升级套餐。

图 2-10　试用期结束登录后显示的页面

	Shopify 基础版 创建网店所需的一切基础功能	Shopify 进阶版 扩大网店所需的一切功能	Shopify 高级版 规模化网店所需的高级功能
价格	USD $ **20** /月	USD $ **49** /月	USD $ **299** /月
功能特色			
网上商店 包括电子商务网站和博客	✓	✓	✓
无限量产品上架	✓	✓	✓
员工账号	2	5	15
24 小时客服支持	✓	✓	✓
销售渠道 包括第三方平台和社交媒体（具体渠道因不同地区有所不同）	✓	✓	✓
手动创建订单	✓	✓	✓
折扣码	✓	✓	✓
免费 SSL 证书	✓	✓	✓
恢复购物车清空	✓	✓	✓
礼品卡	—	✓	✓
专业报告	—	✓	✓
高级报告生成器	—	—	✓
第三方运费显示 结账时显示计算后的运费（通过您的账号或第三方应用）	—	—	✓
客户细分 将客户筛选并分组为数百个细分	✓	✓	✓
营销自动化 使用模板化或自定义工作流程发送自动电子邮件	✓	✓	✓
不限联系人数量	✓	✓	✓

图 2-11　Shopify 套餐价格及相对应的具体功能

图 2-12　Shopify Starter 套餐的功能

2.2.3　后台功能简介

本小节不会深入介绍后台每个板块该如何设置及运营，只对每个板块的功能进行简单介绍，让你尽快熟悉 Shopify 的后台。

登录 Shopify，后台页面如图 2-13 所示，分为 3 个部分：顶部搜索栏、左侧列表框、中间工作区。中间工作区部分会随着不同的操作显示不同的内容。

图 2-13　Shopify 后台页面

顶部搜索栏包括两部分：中间搜索框和右边的用户名。

中间搜索框可以搜索很多东西，包括帮助中心、Shopify 应用、博客、商店、Shopify 模板等。我们可以通过搜索框直接搜索关键词找到相关的功能、资源等内容。搜索"订单"显示的内容如图 2-14 所示。

图 2-14　搜索"订单"显示的内容

单击右边的用户名，出现如图 2-15 所示的内容。选择"管理账户"选项可以进行一些商店的常规设置和安全设置；选择"商店"选项可以看到你的注册邮箱或 Shopify ID 下的所有 Shopify 网站，如图 2-16 所示。

图 2-15　单击右边的用户名显示的内容　　图 2-16　选择"商店"选项显示的内容

左侧列表框中有 10 个选项，具体介绍如下。

(1) "主页"选项。主页即登录后台所看到的页面，如图 2-7 所示，不再详细介绍。

(2) "订单"选项。如图 2-17 所示，"订单"选项包括网站所有的订单，包括"订单""草稿""弃单"3 个子选项。利用"草稿"选项，卖家可以处理未在 Shopify 线上平台成交的订单，如对于通过电话达成的订单，卖家可以通过电子邮件将发票发送给客户，然后收取款项。"弃单"记录着网站上所有已经到达付款页面但是最终没有完成付款的订单。

图 2-17 "订单"页面

(3) "产品"选项。如图 2-18 所示，"产品"选项下有 5 个子选项。

① "所有产品"子选项：网站所有产品的添加、编辑和管理都是在这个子选项中完成的。

② "库存"和"转移"子选项：这是产品的库存管理系统，其中"库存"子选项显示可供销售的所有产品的数量，不仅包括已上架产品的数量，还包括未上架产品的数量。

③ "产品系列"子选项：在这里进行产品分类管理。

④ "礼品卡"子选项：礼品卡是一种特殊类型的产品，可以用来支付在线商店的未来订单，可以看成是一种折扣。

图 2-18 "产品"选项

（4）"客户"选项。其具有简单的客户管理功能，选择"客户"选项，打开"客户细分"页面，如图 2-19 所示。当新客户在商店内下单时，客户的详细信息便会被自动添加到这里，卖家也可以手动添加客户信息。在这个选项中，卖家可以看到当前所有客户的姓名、地点、订单量及消费金额等内容。卖家可以对这些客户数据进行导入导出、细分管理等操作。关于客户细分管理，卖家既可以使用平台已有的分类，如电子邮件订阅者、过去 30 天内的弃单等（见图 2-20），又可以根据自身需要使用模板或筛选器新建客户分类，如图 2-21、图 2-22 所示。

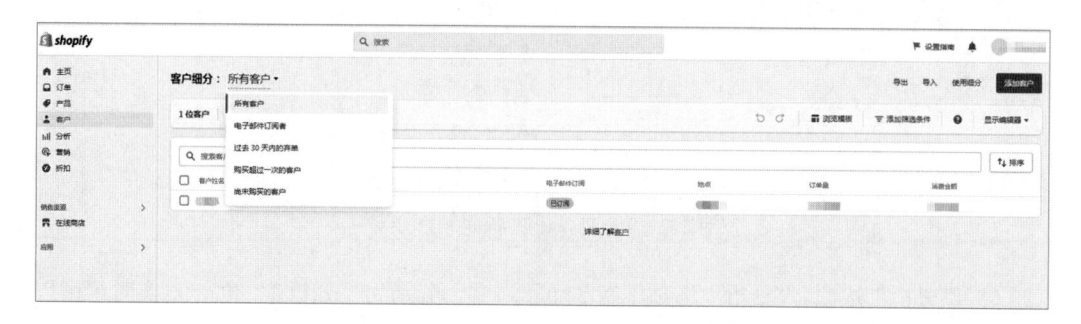

图 2-19　"客户细分"页面

图 2-20　客户细分已有分类

图 2-21　使用模板新建客户分类

图 2-22　使用筛选器新建客户分类

（5）"分析"选项。"分析"选项下有 3 个子选项，分别为"分析""报告""实时视图"。

①"分析"子选项：选择"分析"子选项，打开"分析"页面，如图 2-23 所示，可以直观地看到总销售额、访问、复购率、转化率、平均订单金额、总订单数等数据，涵盖所有销售渠道和日期范围，可以选择查看实时数据，或者某一个时间段的数据，也可以选择查看两个不同时间段的对比数据。

图 2-23　"分析"页面

②"报告"子选项：选择"报告"子选项，打开"报告"页面，如图2-24所示，可以看到不同类别、不同维度的可选择的数据，单击尾部的工字钉图标，可将想要重点了解的数据固定在前列，选择任意一行，都可看到并下载相应的详细数据。不同的套餐可以看到的报告不同。

图2-24 "报告"页面

③"实时视图"子选项："实时视图"页面包含世界地图（二维）和地球仪（三维），可显示访客的数量、来源、总销售额、总流量、热门产品等一些关键指标，让卖家了解商店当前正在发生的事情。

（6）"营销"选项。卖家创建Shopify商店以后，需要借助许多工具、采取不同的策略来进行推广营销。选择"营销"选项，打开"营销"页面，如图2-25所示，中间工作区会显示营销效果、最近的营销活动及营销应用。"营销"选项下包括"宣传活动"和"自动化"子选项。

图2-25 "营销"页面

①"宣传活动"子选项：选择"宣传活动"子选项，打开"宣传活动"页面，如图2-26所示，卖家可以创建、查看、保存、删除宣传活动。创建宣传活动的方式有很多种，可以通过广告、电子邮件、社交媒体文章、短信等进行，如图2-27所示。

图2-26 "宣传活动"页面

图2-27 创建宣传活动可选择的方式

②"自动化"子选项：选择"自动化"子选项，页面显示的是通过邮件进行的自动化营销数据，单击"创建自动化"按钮，打开"创建自动化"页面，如图 2-28 所示，卖家可以针对客户购买过程的弃单、弃购等不同行为创建不同的自动化营销方案。

图 2-28　"创建自动化"页面

（7）"折扣"选项。各种折扣是促进 Shopify 商店成交及客户复购的一种强有力的营销策略。如图 2-29 所示，"折扣"页面显示了设置的折扣的基本情况，如状态、方法、类型等。单击右上角的"创建折扣"按钮，打开"选择折扣类型"对话框，如图 2-30 所示，可以选择 4 种类型的折扣，分别是产品折扣（产品降价金额）、订单折扣（订单降价金额）、产品折扣（买 X 得 Y）、运费折扣（免运费），这些折扣可以分别单独使用也可以组合使用，如产品折扣叠加运费折扣。

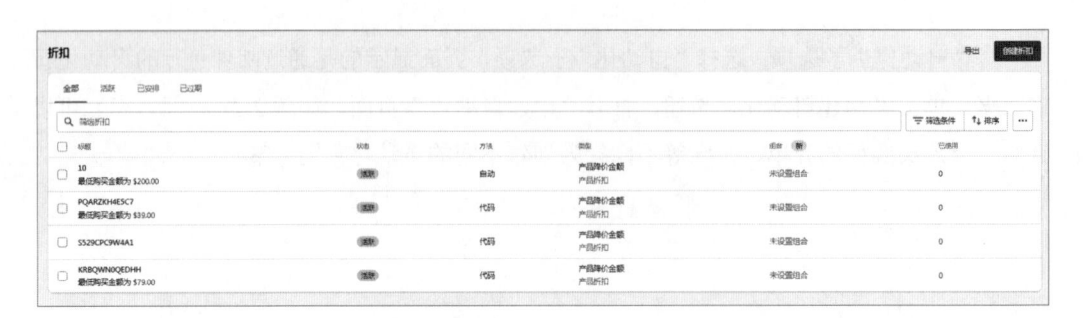

图 2-29 "折扣"页面

图 2-30 "选择折扣类型"对话框

(8)"销售渠道"选项。销售渠道是指可以销售产品的不同交易平台。选择"销售渠道"选项，会打开如图 2-31 所示的搜索框，常用的销售渠道有 Buy Button、Facebook & Instagram、POS、Google、在线商店等，也可以选择"推荐的销售渠道"选项，查看更多的销售渠道。如图 2-32 所示，任选一个销售渠道，在单击"添加"按钮后，该渠道将在 Shopify 中的销售渠道下列出。将各个销售渠道添加到 Shopify，即可在一处处理商店产品、订单和客户。

图 2-31 "销售渠道"搜索框

图 2-32 推荐的销售渠道

"在线商店"子选项：它是销售渠道的一种，如图 2-33 所示，其下有"模板""博客文章""页面""网站地图""偏好设置"5 个三级选项。若要允许访客通过在线商店购买产品，则需要先购买 Shopify 基础版或更高级的套餐。

图 2-33 "在线商店"子选项

①"模板"三级选项：选择"模板"三级选项，打开"模板"页面，包括"当前模板""模板库""常用免费模板"3 个板块，如图 2-34 所示。模板决定在线商店中销售的产品的组织方式、功能和呈现在访客面前的样式，不同的模板会带给访客不同的体验，卖家要根据所销售产品的特点，选择合适的模板。单击"自定义"按钮，如图 2-35 所示，便进入"主页"页面，如图 2-36 所示，可以选择最左侧的 ▦ 对主页进行装饰，包括公告栏、标头、图片横幅、富文本、特色产品系列等；也可以选择 ⚙ 对模板进行设置，如图 2-37 所示，在"模板设置"页面可以对颜色、版式、布局、产品卡等内容进行修改。

图 2-34 "模板"页面

图 2-35 单击"自定义"按钮

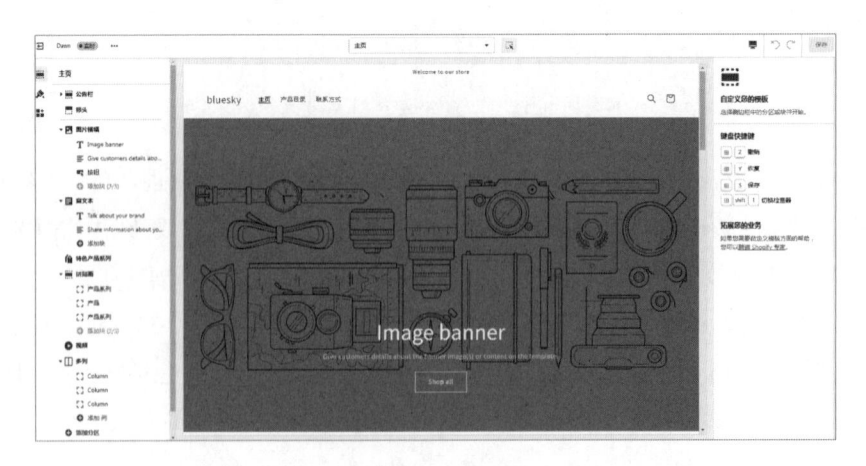

图 2-36 "主页"页面

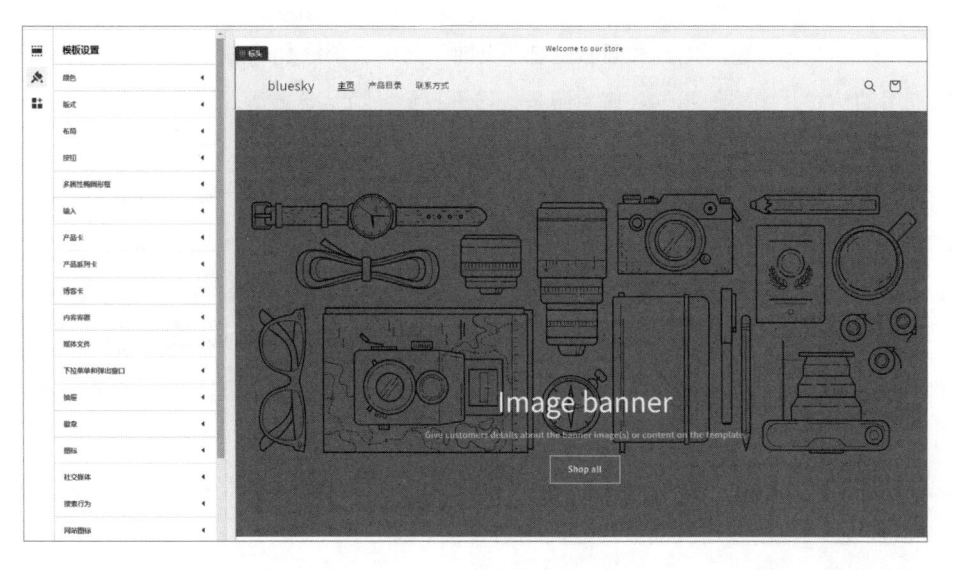

图 2-37 "模板设置"页面

②"博客文章"三级选项：选择"博客文章"三级选项，打开"添加博客文章"页面，如图 2-38 所示。这个页面主要可以起到两个作用，一是可以围绕产品和品牌撰写软文进行宣传，二是有利于网站的关键词布局，进行搜索引擎优化（Search Engine Optimization，SEO），获得自然流量。

图 2-38 "添加博客文章"页面

③"页面"三级选项：卖家可以通过"页面"三级选项添加一些很少更改但对客户来说也很有用的信息，如关于我们、售后服务、物流政策、隐私条款等，这些内容有利于客户更好地了解公司、信任公司，从而促进销售。

④"网站地图"三级选项：选择"网站地图"三级选项，打开"网站导航"页面，如图2-39所示，包含两个板块："菜单""产品系列和搜索筛选器"。菜单包括主菜单和页脚菜单。主菜单会显示在 Shopify 商店每个页面的顶部，页脚菜单显示在页面的底部。如果在"页面"这一栏新创建了一些内容，如何将这些内容显示在网站前台让客户很容易找到？这时就需要用到"网站地图"了。单击"主菜单"超链接，打开"主菜单"对话框，如图2-40所示，单击"添加菜单项"按钮，在弹出的快捷菜单中输入"名称"，并在"链接"文本框中输入已创建好的页面链接或页面标题，单击右下角的"添加"按钮，保存内容，再单击"保存菜单"按钮，便可将创建的页面显示在网站前台。

图 2-39　"网站导航"页面

图 2-40 "主菜单"对话框

（9）"应用"选项。选择"应用"选项，在页面顶部搜索框会出现如图 2-41 所示的内容，可以通过"推荐的应用"查看更多免费和付费应用。应用是指可以安装在独立站中的各种插件，要根据实际情况选择，考虑是否可以起到简化管理、增加销售额、改善访客体验等作用，也要考虑到费用。

图 2-41 选择"应用"选项

（10）"设置"选项。选择"设置"选项，可以看到更多内容，"设置"页面如图 2-42 所示，包括商店详细信息、套餐、账单、发货和配送、税费和关税等。因为内容过多，将会在下文进行详细介绍。

图 2-42 "设置"页面

2.2.4 Shopify 设置

（1）"商店详细信息"子选项。具体包括"基本信息""地址""联系信息""商店货币""标准和格式"5 个板块。

① "基本信息"板块：如图 2-43 所示，显示商店名称和行业。此处的商店名称便是注册 Shopify 账户时输入的商店名称。卖家可以随时更改商店名称，它会显示在商店的每个页面上。不过，如果上传了公司 Logo 图片，Logo 会代替商店名称显示。单击"编辑"按钮，可以编辑公司法定名称，如图 2-44 所示，这个名称会显示在 Shopify 账单上。

图 2-43 "基本信息"板块

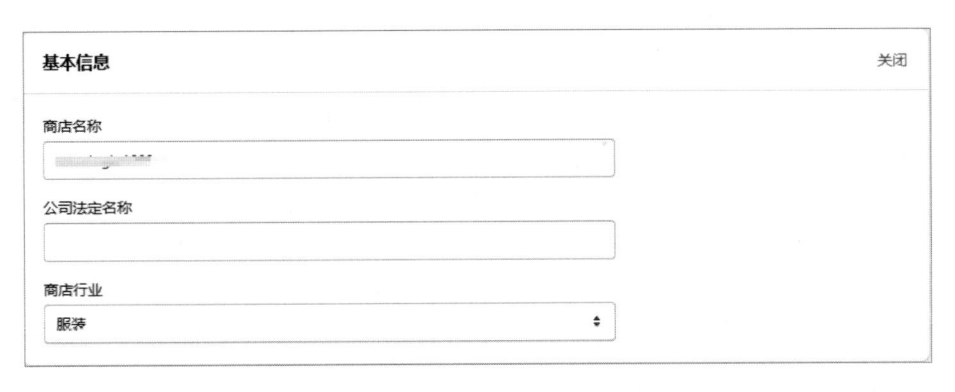

图 2-44　编辑公司法定名称

②"地址"板块：营业地址会显示在 Shopify 账单中。

③"联系信息"板块：如图 2-45 所示，显示电话号码和两个邮箱，两个邮箱分别用于卖家与 Shopify 官方、卖家与客户联系。联系信息可以单击右上角的"编辑"按钮进行修改。

图 2-45　"联系信息"板块

④"商店货币"板块：显示销售产品所选用的货币，也是用在各种销售报告中的货币，一旦产生销售额，货币将被锁定，卖家不能自行修改，需要联系 Shopify 官方才能更改商店货币。建议根据所销售产品的主要市场来设置，更改商店货币会更改主要市场，如图 2-46 所示。

⑤"标准和格式"板块：在这里设置商店时区、单位制、重量单位及编辑订单 ID 格式，用于确定下单时间、运输重量及订单号。

（2）"套餐"子选项。选择"套餐"子选项，打开"套餐详情"页面，如图 2-47 所示，显示了商店现在使用的套餐类型、下一个账单日期等，卖家可以在此更改套餐。

（a）

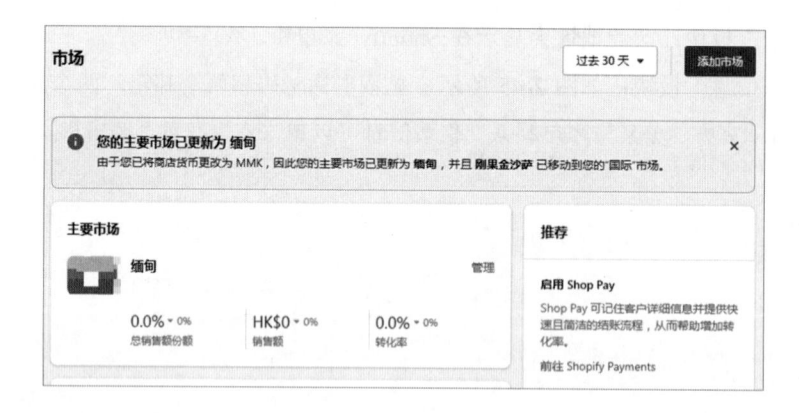

（b）

图 2-46　修改商店货币与市场相互影响

图 2-47　"套餐详情"页面

（3）"账单"子选项。具体包含"付款方式""计费货币""订阅""下一份账单""信用额度""费用清单"等板块。其中，"付款方式"板块需要添加卖家的付款账户，可以使用 MasterCard、Visa 或 American Express 的有效信用卡或联名借记卡。信用卡要具有国际交易功能，可以使用美元付款。大多数国家和地区的商家账单均以美元结算，因此计费货币默认为美元。"订阅"板块显示的是套餐费用和需要付费的应用。卖家可以在"费用清单"板块查看过去 90 天内的所有费用明细。

（4）"用户和权限"子选项。卖家可以通过它管理员工在商店中查看和管理的内容。选择"用户和权限"子选项，打开"权限"页面，如图 2-48 所示，包括"店主""员工""合作者""登录服务"4 个板块。

图 2-48 "权限"页面

①"店主"板块：如图 2-49 所示，单击店主名称，可以查看商店资料，添加店主个人简介、个人网址，管理各种应用访问权限，查看商店访问记录。单击"转让所有权"按钮，

填写新店主的邮箱、姓名，输入密码，便可以将商店的所有权转让给其他人，一旦转让成功将无法撤销转让操作。

图 2-49 "店主"板块

②"员工"板块：单击"添加员工"按钮，进入"添加员工"页面，如图 2-50 所示，填写员工的名字、姓、电子邮件，勾选分配给员工的权限，单击"发送邀请"按钮，员工的邮箱便会收到一封邮件，如图 2-51 所示。

图 2-50 "添加员工"页面

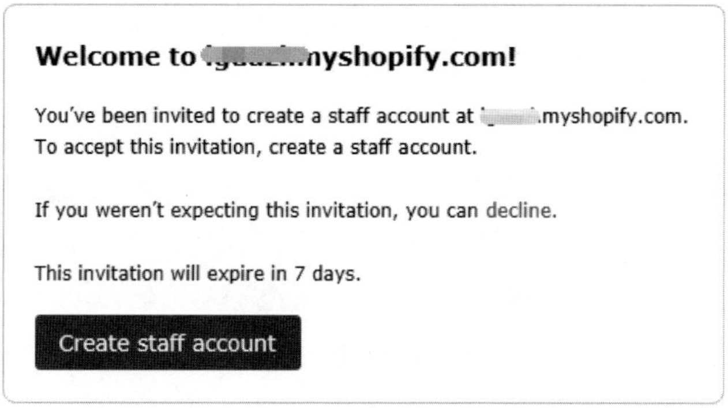

图 2-51　邀请邮件

③"合作者"板块：设置 Shopify 合作伙伴，直接通过合作伙伴控制面板或使用 Shopify 应用访问 Shopify 后台的权限。只有店主或拥有管理合作者请求权限的员工可以查看合作者访问请求和授予合作者对商店的访问权限。待不再需要来自此合作者的任何其他帮助，要记得删除他们的账户。

④"登录服务"板块：主要管理是否可以通过 Google Apps 登录 Shopify 后台。

（5）"收款"子选项。选择"收款"子选项显示出 3 种收款方式：Shopify Payments、支付服务提供商的付款方式、手动付款方式。手动付款方式主要用于客户在在线商店之外的付款，包括货到付款、汇票和银行转账。卖家选择收款方式时，要考虑经营业务所在的国家/地区及客户的居住地是否适用，如 Shopify Payments 是接受在线付款的简单方式，但是有国家和地区限制，在中国目前只支持香港地区的商店使用。

（6）"结账"子选项。选择"结账"子选项，可以设置客户购买时的结账页面，包括客户账户、客户联系方式、客户信息、小费、订单处理流程等。根据多年对国外客户习惯的了解，可以按图 2-52 所示进行选择。结账页面的语言要根据目标市场而定，一定要使用目标市场的主流语言。

（7）"发货和配送"子选项。发往国外的货物一般运费较贵，因此商店在正式开售之前，需要想好营销策略，决定好要采用的发货方式，确定怎么收取客户的运费，完成商店的发货设置。一般来说有 3 种情况：物流发货、本地发货和到店取货。针对中国的卖家，需要考虑的主要情况是物流发货。这里简单介绍发货和配送设置，具体的订单处理和物流发货操作将在后文进行讲解。选择"发货和配送"子选项，打开页面包括"发货""本地配送""到店取货""包裹""发货标签""装箱单""承运商账户""自动以订单发货"
板块。

图 2-52 结账页面设置

```
地址行 2（公寓、单元等）
○ 不包含
● 可选
○ 必填

收货地址电话号码
○ 不包含
○ 可选
● 必填

小费
☐ 在结账时显示小费选项
   客户可以在 3 个预设选项中进行选择，或者输入自定义数额。

订单处理流程

客户结账时
☑ 默认将发货地址用作账单地址
   仍可编辑账单地址。
☑ 使用地址自动填充功能
   当客户输入地址时提供建议。

支付订单后
○ 自动对订单项目进行发货
○ 仅自动对订单的 礼品卡 进行发货
● 不要自动填充订单的任何订单项目

订单已发货且付款后，或是已为所有商品退货时
☑ 自动存档并隐藏订单
   该订单将从您的未结订单中移除。
```

图 2-52　结账页面设置（续）

"发货"板块：这一板块主要用来设置发货区域。单击"管理"按钮，如图 2-53 所示，打开"收货地址"页面，如图 2-54 所示，单击图中两个框的位置，可以分别对商店所在地的本地市场/国家和本地市场/国家之外的区域运费进行设定。打开"创建区域"对话框，如图 2-55 所示，在"区域名称"文本框中输入一个方便销售管理的名字，然后搜索想要销售产品的国家和地区，单击"完成"按钮，便创建好一个可发货区域。在已创建好的发货区域

下单击"添加运费"按钮,如图 2-56 所示,打开"添加运费"对话框,如图 2-57 所示,单击"设置您自己的运费"或"使用承运商或应用来计算费率"单选按钮。如果使用"设置您自己的运费",单击"添加条件"按钮,可以基于产品重量或基于订单价格设置运费,如图 2-58 所示,也可以根据运输时间设置运费,如图 2-59 所示。

图 2-53 单击"管理"按钮

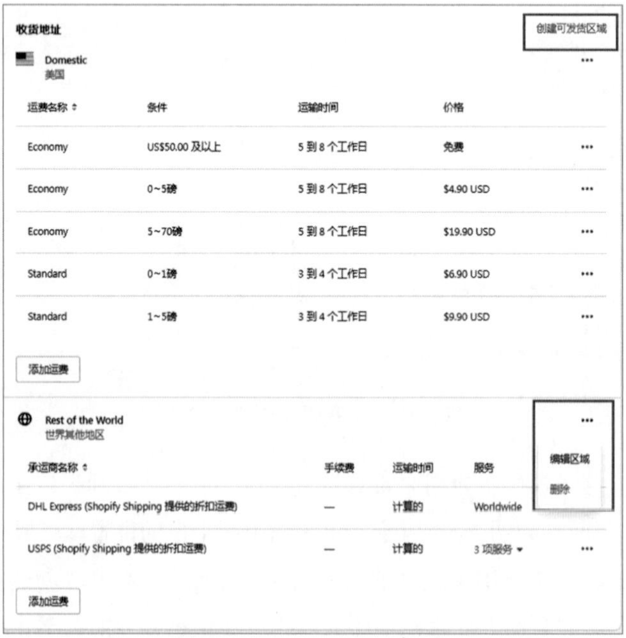

图 2-54 "收货地址"页面

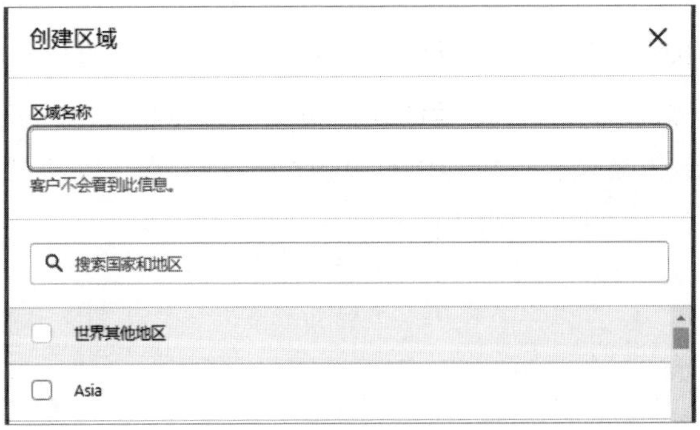

图 2-55 "创建区域"对话框

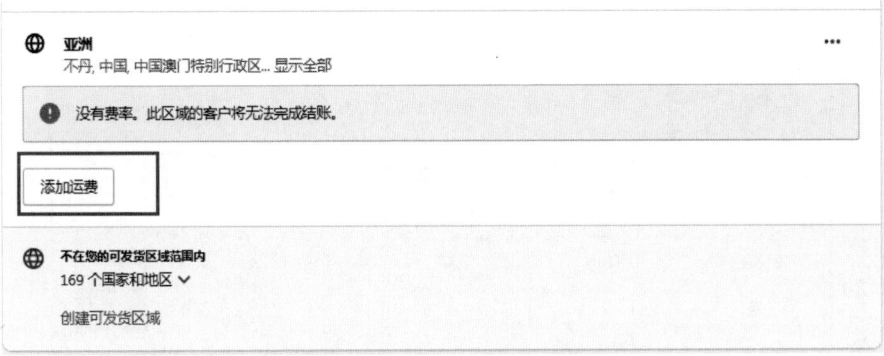

图 2-56 单击"添加运费"按钮

图 2-57 "添加运费"对话框

图 2-58 基于产品重量或基于订单价格设置运费

图 2-59 根据运输时间设置运费

本地配送和到店取货对中国卖家来说一般用不到，不用设置。

（8）"税费和关税"子选项。销售商品需要缴纳税费。国家和地区不同，税费政策不同，因此在开始销售之前，卖家需要设置好店铺可发货区域，确定是否应收取税费。

中国卖家从国内发货到国外，暂时不需要设置税费。设有海外仓或在海外注册公司进行销售的卖家，会有些复杂，需要了解产品是否需要缴纳税费、税费是多少、是否有义务向客户收取税费等情况，才能正确设置税费。因为 Shopify 不会为卖家代为申报销售税，所以发货地在国外的卖家可能需要到当地税务机关注册税号，以便处理销售税。

Shopify 提供各地区的默认税率，柬埔寨的默认税率为 10%，如图 2-60 所示。卖家可以使用默认税率，也可以更改税率，对特定的产品或销售区域制定独有的税率，甚至免税，以促进销售，如图 2-61 所示。

图 2-60　柬埔寨的默认税率

图 2-61　更改税率

管理收取税款的方式及税款在您商店中的显示方式有 4 种可选，如图 2-62 所示。如果勾选"在价格中包含税款"复选框，客户的结账金额中将不会显示添加的税费。

图 2-62　管理收取税款的方式及税款在您商店中的显示方式

（9）"地点"子选项。这个子选项用于管理存放库存的位置，对于只有国内一个发货地的中国卖家来说，不用设置。如果后续开设海外仓，激活多地发货，可以考虑添加多个地点，以便更好地管理库存、处理订单。使用不同的 Shopify 套餐可添加的地点数量不同，Shopify 高级版套餐最多可以设置 8 个地点。默认地点显示的是注册 Shopify 账户时填写的地址，默认地点可以更改。选择"地点"子选项，打开"地点"页面，如图 2-63 所示，单击"添加地点"按钮，输入地点的名称和地址，单击"保存"按钮，便可创建一个新的地点。有两个及以上仓库时，需要设置地点优先顺序，客户下单时，卖家可根据地点优先顺序和库存进行分配。

（10）"礼品卡"子选项。选择"礼品卡"子选项，打开"礼品卡"页面，此处只能设置礼品卡有效期限，默认礼品卡永不过期，因为在某些国家和地区礼品卡到期是违法的，因此设置礼品卡时也要了解相关地区的法律法规。卖家可以通过启用 Apple Wallet Passes 以便 iOS 设备用户使用礼品卡，卖家也可以对 Apple Wallet Passes 进行自定义设置，如图 2-64 所示。要记住，发放的所有礼品卡都会对将来的销售产生影响，因此小规模卖家要慎用。

图 2-63 "地点"页面

图 2-64 设置 Apple Wallet Passes

（11）"市场"子选项。选择"市场"子选项，打开"市场"页面，如图 2-65 所示，注册 Shopify 商店后，平台已为卖家创建以下板块。

①"主要市场"板块：顾名思义，就是卖家销售产品的主要国家和地区。初始由注册时填写的营业地址决定，如果对"商店详细信息"下的"商店货币"进行修改，主要市场则会变换为与更改后的商店货币相匹配的国家。

②"其他市场"板块：除主要市场所列国家和地区之外的销售产品比较推荐的国家和地区。默认情况下，这个板块包含的国际市场处于非活跃状态。只有激活国际市场，才可以向国际市场中的国家和地区销售产品。

③"您的销售业务未覆盖的国家/地区"板块：主要市场和其他市场所显示的国家和地区之外的国家和地区，默认有 208 个国家和地区。该板块中的国家和地区的客户无法结账。当将此市场中的某些国家和地区添加到新市场时，它们将从列表中删除。

图 2-65　"市场"页面

（12）"应用和销售渠道"子选项。在"销售渠道"和"应用"选项下添加的内容会显示在此处，如图 2-66 所示。卖家可以在此页面进行删除应用、开发自定义应用的操作。

(a)　　　　　　　　　　　　　　(b)

图 2-66　"应用和销售渠道"页面

（13）"域名"子选项。域名即 URL 或网址，客户可以通过它找到卖家的在线商店。默认情况下，注册 Shopify 账户后，卖家将获得×××.myshopify.com 这一 URL。如果想要更改默认的网址，则需要添加自定义域名。自定义域名可以购买或使用已有域名，如图 2-67 所示。卖家也可以更改新的域名，但是此域名只能更改一次，更改后初始的×××.myshopify.com 域名仍在后台可见。

图 2-67　自定义域名

（14）"客户事件"子选项。像素代码是在在线商店的后台运行以跟踪客户事件的脚本，卖家可以进行自定义像素代码和应用像素代码的添加、链接、删除等设置。自定义像素代码需要具备一定的 JavaScript 等相关编程知识。应用像素代码来源于安装的应用或销售渠道，会随着安装具有应用像素代码的应用显示。

（15）"品牌"子选项。在如今竞争激烈的时代，建立品牌有利于提升卖家产品的辨识度。如果卖家有 Logo，产品主打颜色，耳熟能详的标语、口号等关于品牌的内容，那便可以将这些内容添加到此处，也可以添加社交媒体链接，如 Facebook、TikTok 链接等。如果卖家还没有建立自己的品牌，可以在 Shopify 英文网站 Free Tools 中使用企业名称生成器、徽标制造、标语制作等工具创作内容，如图 2-68 所示。

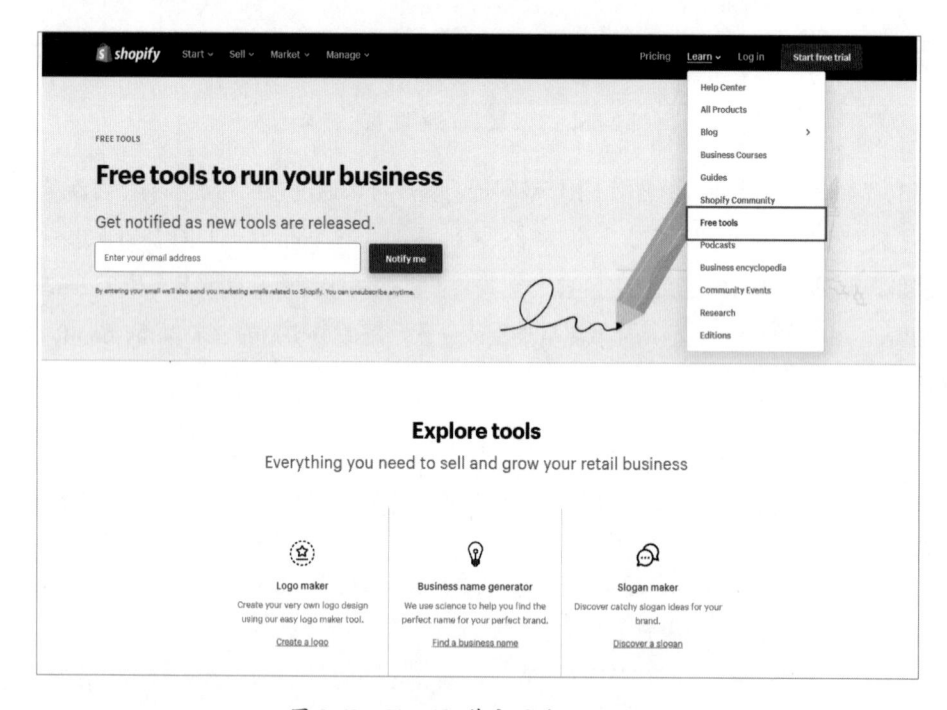

图 2-68　Shopify 英文网站 Free Tools

（16）"通知"子选项。该子选项主要包括 3 个板块："客户通知""营销""员工订单通知"。卖家一般不需要进行设置，Shopify 已经设置了默认的邮件和短信通知模板，当客户的行为触发了某一项条件，平台会自动发送相关通知。"客户通知"板块包括"自定义邮件模板""管理短信通知""订单""发货""本地配送""到店取货""电子邮件营销""退货"等部分。通知会以邮件或短信的方式发送给客户,可以在"自定义邮件模板""管理短信通知"这两部分对邮件、短信进行自定义设置。出于法律和隐私原因,卖家在向客户发送邮件或短信通知时需要征得客户同意,"营销"板块的作用便是如此,用来管理同意和跟踪选项,如图 2-69 所示。在"员工订单通知"板块,卖家可以创建和编辑电子邮件通知,以便卖家或雇用的员工在客户下单时收到通知。

图 2-69 "营销"板块

(17)"Metafields"子选项。卖家能够在 Shopify 通用设置的基础上自定义设置商店的功能和外观。选择"Metafields"子选项,打开"元字段"页面,如图 2-70 所示,卖家可以对"产品""多属性""产品系列""客户""订单""页面""博客""博客文章"等板块进行更改、完善，以达到对商店页面定制化的目的。没有编程基础的卖家，不用设置。

图 2-70 "元字段"页面

（18）"语言"子选项。访客肯定更喜欢看到采用本地语言显示的内容，这样可以更方便地了解产品。卖家可以在此栏中添加多种语言，从而将内容进行本地化翻译。选择"语言"子选项，打开"商店语言"页面，如图 2-71 所示，单击"添加语言"按钮，将安装 Shopify 开发的 Translate & Adapt 应用，卖家可以在此应用中选择语言。

（19）"政策"子选项。卖家可以在此处设置退款政策、隐私政策、服务条款、物流政策、联系信息等，如图 2-72 所示。

图 2-71 "商店语言"页面

图 2-72 设置各种政策

本章习题

一、选择题

1. 单选题

（1）Shopify 中，（　　）可以管理员工在商店中查看和管理的内容。

A. "用户和权限"子选项

B. "商店详细信息"子选项

C. "客户"选项

D. "账单"子选项

（2）Shopify 中销售产品所选用的货币在（　　）修改。

A. "账单"子选项

B. "基本信息"板块

C. "商店货币"板块

D. "标准和格式"板块

2. 多选题

（1）在 Shopify 中可以使用（　　）销售渠道。

A. Buy Button

B. Facebook & Instagram

C. Google、在线商店

D. 以上皆有

（2）设置折扣，可以选择（　　）。

A. 产品降价金额

B. 订单降价金额

C. 买 X 得 Y

D. 免运费

二、问答题

简述注册 Shopify 账户的详细步骤。

第3章

Shoplazza 独立站

3.1 Shoplazza 简介

Shoplazza（店匠科技）于 2017 年在加拿大成立，有中文官网和英文官网，中文官网首页如图 3-1 所示。公司的使命是让电子商务始终保持简单和创新。其创始人李俊峰和夏冰都曾在百度工作，从事百度海外产品的研发、运营，公司核心团队成员也都曾在百度、阿里巴巴、腾讯等知名互联网公司国际化业务部门工作过。

2022 年 1 月 20 日，Shoplazza 获得以软银集团为主，包括 StepStone Group、红杉资本中国、云九资本、磐晟资产、前海母基金、阿布扎比皇室基金在内的 1.5 亿美元 C 轮融资，未来可期。

图 3-1　Shoplazza 中文官网首页

3.2 Shoplazza 基础操作

3.2.1 Shoplazza 注册

单击官网首页右上角的"免费试用"按钮，出现如图 3-2 所示注册页面，可通过微信扫描小程序注册也可以通过账号注册。选择账号注册，填入手机号码、验证码、密码，选中"同意接受服务条款和隐私政策"复选框，单击"注册"按钮便注册成功了，进入后台，后台页面如图 3-3 所示。

第 3 章　Shoplazza 独立站 | 53

图 3-2　注册页面

图 3-3　后台页面

单击"创建店"按钮，在跳出的文本框中输入店铺名称，打开"店铺管理"页面，显示出店铺基础信息，如图 3-4 所示，包括店铺名称、网址、店铺 ID、角色、版本、到期时间、当前状态等。单击右边的"前往店铺"按钮，打开内容填写页面，如图 3-5 所示，卖家可以根据自身情况填写。填写完成后，单击"进入我的店铺"按钮便可以进入店铺后台，开始进行店铺设置。

图 3-4　"店铺管理"页面

图 3-5　内容填写页面

3.2.2　Shoplazza 套餐介绍

　　Shoplazza 有 7 天的免费试用期，试用期过后，只有购买套餐才能继续运营。Shoplazza 套餐分为月付和年付两种，如图 3-6 所示。其套餐价格与 Shopify 相比略贵。

（a）

图 3-6　Shoplazza 月付、年付套餐

(b)

图 3-6　Shoplazza 月付、年付套餐（续）

3.2.3　后台功能简介

如图 3-7 为 Shoplazza 后台页面，共分为 3 个部分：左侧列表框；中间是工作区，会随着左侧列表框的选项而变化；右上角是一些快捷按钮，包括店铺主页、帮助中心、消息中心、在线支持等。接下来便按照从上往下的顺序介绍左侧列表框各选项的功能。

图 3-7　Shoplazza 后台页面

（1）"概览"选项。选择"概览"选项，中间工作区则显示当日访问用户、订单量、成交额、订单转化率、待发货订单、未支付订单等数据，如图 3-7 所示，便于卖家轻松了解店铺的基本情况。

（2）"订单"选项。"订单"选项下包括"待处理订单""未完成订单""售后订单""争议订单"4个子选项，如图3-8所示。后台支持查询订单、添加运单号、查看物流详情、更新物流状态、取消订单、导出订单等功能，便于卖家轻松管理订单。所有子选项都可以导出订单，支持按照订单详情（包括订单编号、客户姓名、商品名称等）、订单金额、时间段来查询对应的订单。

图3-8 "订单"选项及其子选项

① "待处理订单"子选项：选择"待处理订单"子选项，卖家可以看到订单编号、创建时间、收货人信息、支付状态（待支付、已支付、支付取消、退款中等）、最后一次访问落地页 URL、成功下单、物流状态等。单击右上角的"编辑表头"按钮，打开"表头设置"对话框，如图3-9所示，可以根据需要选择，改变页面出现的内容。

(a) (b)

图3-9 表头设置

选择需要查看的待处理订单，即可进入"订单管理列表"页面，再选择需要查看的订单，即可进入该订单的详情页面。订单详情页面可查看订单编号、订单状态，可以添加订单标签和订单备注，查看客户信息（包括姓名、邮箱、电话、首次下单时间、历史订单等）、订单价格详情（包括商品价格、折扣、物流费用、税费、总价），可以进行取消订单操作等。

②"未完成订单"子选项：选择该子选项可以查看的信息和"待处理订单"子选项大致一样。其特别之处在于可以向待支付订单的客户发送邮件，提醒客户还有订单未付款，并可选择是否在发送召回邮件时附上优惠码，如图 3-10 所示，有利于提高成单率。

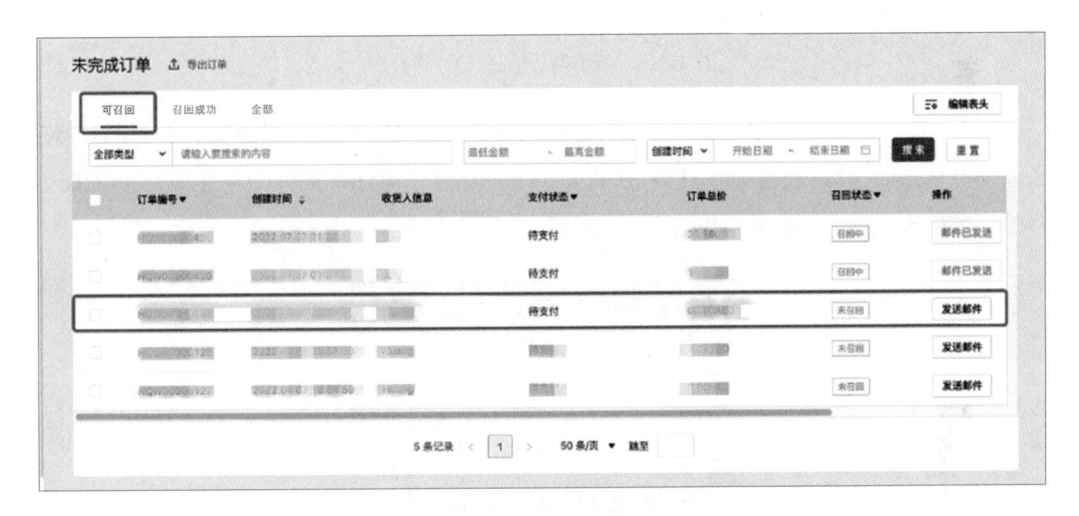

图 3-10　向客户发送邮件

③"售后订单"子选项：后台根据订单的状态（待处理、处理中、已完成、已存档）将订单做了分类展示，以便于在不同状态下的订单列表查找订单。卖家可以在此子选项下处理退款、对已取消的货到付款订单的状态进行退回操作。

④"争议订单"子选项：如果卖家对订单有争议，可以申请退款或取消订单。一般产生争议的原因有 3 个：买家声称没有收到产品或服务；买家认为产品或服务与描述不符；买家声称付款未经授权。这时就需要卖家与其沟通，确定产品的物流状况，根据实际情况全额退款、部分退款或提供证据提起申诉。

（3）"商品"选项。该选项下包括"商品管理""商品分类""商品专辑""商品评论""商品 Feed""库存列表""采购单""礼品卡"8 个子选项，如图 3-11 所示。

图 3-11　"商品"选项下的子选项

①"商品管理"子选项：卖家可以在此对商品进行管理，包括商品上架、下架。上架商品可以手动上架、通过表格导入，也可以从其他店铺通过信息迁移插件一键迁移到 Shoplazza 店铺，如将 Shopify 商品导入 Shoplazza 店铺，如图 3-12 所示。

图 3-12　将 Shopify 商品导入 Shoplazza 店铺

②"商品分类"子选项：包括两种创建分类的方式，可以选择自定义分类或谷歌分类，如图 3-13 所示，一旦选择了其中一种方式创建分类，再次切换分类创建方式时需先清除掉当前创建方式所创建的分类。

图 3-13　创建分类的方式

③ "商品专辑"子选项：卖家可在此将具有某些相同属性的商品放在一起。例如，可新建"买三送一"的优惠专辑，专辑内的所有商品都买三送一；或者建立一个圣诞节专辑，专辑内的商品都是圣诞节可以用到的装饰品。操作非常简单，添加专辑名称、专辑封面、专辑描述，设置添加模式即可，如图3-14所示。此外为了吸引免费流量，不要忘记填写SEO内容。

图3-14 "专辑详情"页面

④ "商品评论"子选项：卖家可以在此发布、隐藏、回复评论及导入其他平台的商品评论，也可以设置评论展示位置。前期，为了增加客户的信任度，也可以导入自己编辑的评论。

如图3-15所示，选择"导入"下拉列表中的"导入Shopify评论"，可以直接将Shopify商店的商品评论迁移到此商店。不过，目前仅支持官方Product Reviews评论插件，以及Loox评论插件导出的CSV文件。

图3-15 导入商品评论

卖家也可以通过插件抓取其他平台上的评论。登录 Shoplazza 后台，选择左侧列表框"Apps"选项，单击"访问 App Store"按钮，搜索"评论抓取"，单击"安装 App"按钮，然后根据页面步骤提示，将"评论抓取插件"按钮拖动至书签内，加完书签后，登录需要抓取评论的页面，单击"评论抓取插件"按钮，选择需要导入的商品并编辑所需要的评论内容，便可将其他平台的评论导入至现在的店铺了，如图 3-16 所示。

图 3-16　评论抓取的步骤

"评论设置"页面如图 3-17 所示，第 1 项是设置是否开启评论功能；第 2、3 项是设置是否启用评论自动发布功能，并且设置自动发布门槛及评论门槛，建议可以设置成四、五星以上，下单确认收货才能评论商品并被展示在前台；第 4 项用于对展示在网站上的评论做一些补充说明或免责声明，可填可不填；第 5、6、7 项根据需要填写即可。

⑤"商品 Feed"子选项：它是包含店铺所有商品信息的数据源，在"商品 Feed"页面，单击"添加 Feed"按钮，在弹出的快捷菜单中填写 Feed 名称，挑选 Feed 格式，确定店铺域名，选择全部商品或指定专辑，单击"确定"按钮，如图 3-18 所示，便可生成对应格式的商品 Feed URL，如图 3-19 所示。将 Feed URL 上传到对应平台即可同步商品。商品同步完毕后，商家就可以在对应的平台进行推广、销售。目前，Shoplazza 所支持的 Feed URL 格式有 Facebook Feed、Bing Feed、Criteo Feed、Pinterset Feed、Snapchat Feed。

图 3-17 "评论设置"页面

图 3-18 添加 Feed

图 3-19 生成商品 Feed URL

⑥ "库存列表"子选项:卖家可以在此查看店铺拥有商品的库存数量及库存历史数据,对商品进行库存跟踪,根据库存历史,预估阶段时间的销量,避免库存不足。如图 3-20 所示,勾选需要修改库存的商品前的复选框,单击"编辑库存"按钮,可以修改库存;单击"库存历史"按钮,可以查看该商品的出库、入库数据。

图 3-20 库存设置

⑦ "采购单"子选项:卖家可以在此创建采购单,对采购单的采购商品进行入库操作。单击"采购单"页面右上角的"创建采购订单"按钮,输入供应商名称,选择要采购的商品,填入采购数量等信息并保存,采购单填写的采购数量就会出现在"库存"页面中的"待入库"下,如图 3-21 所示。当采购的商品到达仓库,实际入库后,单击该商品采购单,进入"采购订单详情"页面,单击右上角的"入库"按钮,该商品的库存数量便会发生相应的改变,如图 3-22 所示。

图 3-21 "库存"页面中的"待入库"

图 3-22 单击"入库"按钮

⑧ "礼品卡"子选项：礼品卡主要有两个作用，一个是退款抵扣，另一个是吸引客户再次访问店铺购买商品。例如，当卖家与客户产生争议需要退款时，可以与客户沟通为客户发放等额退款额度或比退款金额更大额度的礼品卡代替实际退款，以便于客户使用礼品卡进行二次消费，避免客户流失。创建礼品卡非常简单，如图 3-23 所示，随机生成礼品卡卡号，输入初始金额，选择过期日期，选择要发放的客户，单击右上角的"启用"按钮，便出现如图 3-24 所示页面，选择邮件模板，单击"启用并发送"按钮，客户的邮箱便会收到一封邮件，客户可复制该礼品卡卡号到线上店铺下单使用。其中，邮件模板可以自行编辑。

（4）"顾客"选项。该选项下有两个子选项："顾客管理""顾客通知"。

① "顾客管理"子选项：包括顾客的所有购买信息，如主要联系方式、顾客姓名、其他联系方式、国家地区、加入时间、购买次数、累计金额，可对顾客进行自定义标签备注，如图 3-25 所示。订单中的顾客手机号，不会同步至顾客信息中，需要自行添加，不过国外顾客很少会留下手机号。

顾客信息来自顾客提交订单、订阅邮箱、订阅弹窗时留下的信息，也可以通过表格导入或在此直接创建。在手动添加顾客信息时，除顾客姓名外，必须填写一个邮箱或手机号。邮箱和手机号码先填写哪个，哪一个便会成为"默认联系方式"，也就是"主要联系方式"，如图 3-26 所示。后台根据"默认联系方式"判断该用户是否已存在，已存在用户不能重复创建，且"默认联系方式"一旦确认不能修改。如果默认联系方式为邮箱，手机号可以修改；如果默认联系方式为手机号，后续添加邮箱，邮箱和手机号都不能修改，两种情况对比如图 3-27 所示。此外，顾客信息一旦创建就无法删除。

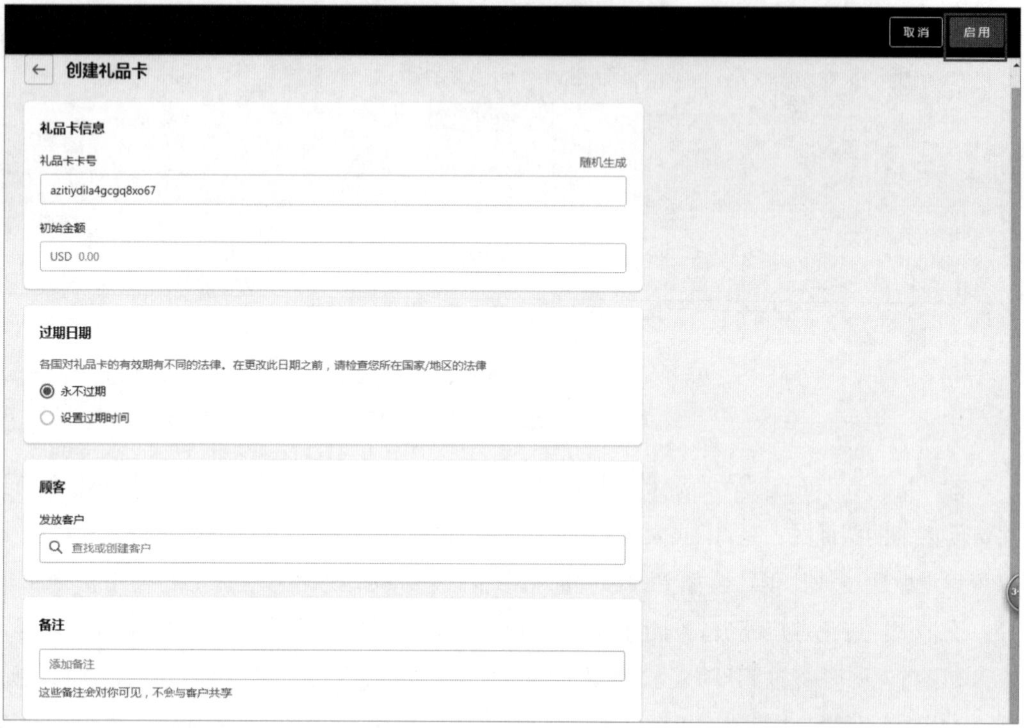

图 3-23 创建礼品卡

图 3-24 发送礼品卡邮件

图 3-25 "顾客管理"页面

图 3-26 默认联系方式

（a）

图 3-27 不同默认联系方式对比

(b)

图 3-27　不同默认联系方式对比（续）

②"顾客通知"子选项：设置在各种场景下提醒顾客关于商品的信息，以促进成单和二次销售，包括通过邮件通知和通过浏览器推送消息两种方式。

通过邮件通知：进入"顾客通知"页面可以看到各种邮件通知场景，如订单提交、发货通知、收货通知，如图 3-28 所示，可以勾选需开启的场景。每个场景的邮件均可以单击"预览"按钮查看效果，如果需要修改邮件内容，可以单击"模板管理"按钮，打开"模板管理"页面，单击"编辑"按钮，对邮件进行编辑，如图 3-29 所示。

如果对默认的模板不满意，可以单击"模板管理"按钮，打开"模板管理"页面，单击右上角的"新增邮件模板"按钮选择模板样式后（有 3 个模板可供选择）再自行编辑。编辑完成后单击"保存"按钮，即可返回上一页面，接着选择是否设为默认发送模板。如果设为默认发送模板，那么在触发相关场景发送邮件时，即会发送所勾选的自定义模板。

图 3-28　"顾客通知"页面

图 3-29　编辑模板

卖家可以通过页面上的"概览"查看通过邮件通知的一些数据，包括已发送的数量、送达率、打开率、点击率、相关收益等。单击右上角的"查看数据明细"按钮，可以看到更详细的数据，如图 3-30 所示。

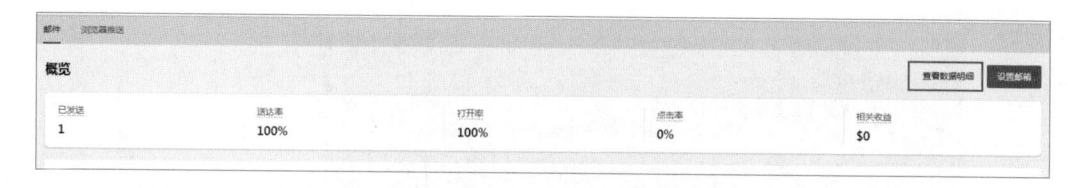

图 3-30　概览及查看数据明细

通过浏览器推送消息：店铺通过浏览器向顾客发送通知。这种方式不需要顾客留下邮箱，在发送通知的行为获得顾客授权后，只要顾客打开浏览器，就能在电脑桌面或手机屏幕上看到通知。卖家在"顾客通知"页面单击"浏览器推送"按钮，出现如图 3-31 所示页面，目前提供 7 种场景模板，选择一个模板，单击"定制"按钮进入编辑页面。卖家可以编辑活动名称、内容、按钮、发送时间、蒙版设置等。编辑完成后，单击右上角的"激活"按钮，即可设置好通过浏览器推送消息。

图 3-31　通过浏览器推送

（5）"博客"选项。此选项下有两个子选项："博客专辑""博客管理"。

①"博客专辑"子选项：卖家可以先创建博客专辑，单击右上角的"新建专辑"按钮，进入"专辑详情"页面，填写专辑名称、专辑描述，再单击右侧"编辑 SEO"按钮进行 SEO 设置，如图 3-32 所示，单击"保存"按钮便可创建一个博客专辑。

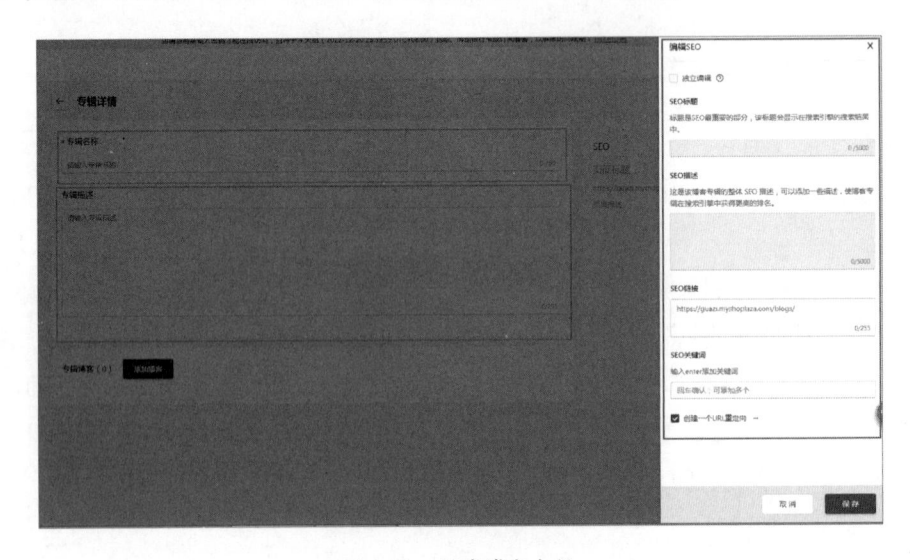

图 3-32　创建博客专辑

②"博客管理"子选项:接着创建博客,单击"博客管理"页面右上角的"新建博客"按钮,进入"新建博客"页面,如图 3-33 所示,填写博客标题、博客摘要、正文,设置发布时间、博客专辑、博客封面、SEO,单击"保存"按钮,此篇博客便进入待发布状态。开启发布按钮,便能发布博客,如图 3-34 所示。卖家也可以删除博客,删除后不能找回。博客的内容可以是公司活动、新闻、使用讲解等内容,主要是为了吸引自然访客及加强客户的信任。

图 3-33 "新建博客"页面

图 3-34 发布博客

需要注意的是,博客文章及博客专辑完成后,并不会直接显示在前台,需要手动到"店铺装修"下的"主题装修"添加名为"博客专辑"的卡片,才能让店铺访客看见。

（6）"营销推广"选项。此选项下有 8 个子选项："Google""Facebook""TikTok""满减活动""限时促销""优惠码""弹窗公告""浮窗通知"。注意绑定 Google、Facebook、TikTok 需要使用 VPN，这三者都有 Shoplazza 提供的教程，可以根据教程学习如何操作。

选择"营销推广"选项，打开"营销推广"页面，包含"获取更多客户""提升购买转化""吸引客户复购""分析数据"4 个板块，如图 3-35 所示，可以仔细学习一下，按照这个思路销售商品。接着介绍一下此选项下的 8 个子选项。

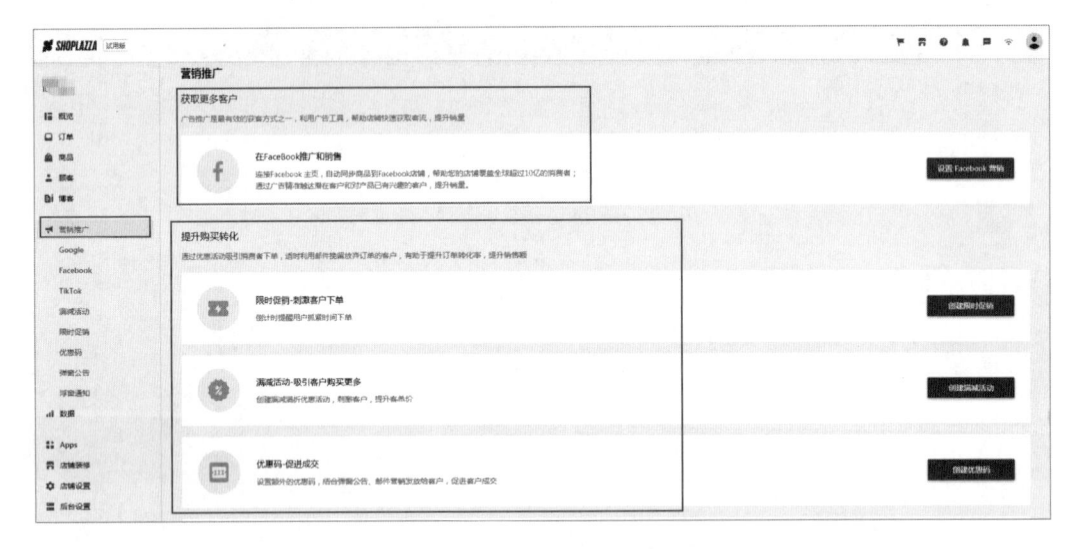

图 3-35 "营销推广"页面

① "Google"子选项：卖家可以连接到 Google 搜索推广，方便进行 Google 的数据追踪和同步商品。单击"登录 Google 账号"按钮，输入已有 Google 账户的登录邮箱和密码，进入如图 3-36 所示页面，选择 Shoplazza 可以访问的服务，单击"继续"按钮，便绑定成功了。绑定 Google 账号后的页面如图 3-37 所示，如想解除绑定，单击"取消关联"按钮即可。

② "Facebook"子选项：商务管理插件可帮助卖家自动关联 Facebook 主页、Facebook 目录及 Facebook 像素，并进行增强上报。"Facebook"页面如图 3-38 所示。

③ "TikTok"子选项：卖家可以关联 TikTok For Business，进行 TikTok 广告投放，并通过 TikTok Catalog 实现 TikTok Shopping 商品同步的功能。

图 3-36　绑定 Google 账号操作界面

图 3-37　绑定 Google 账号后的页面

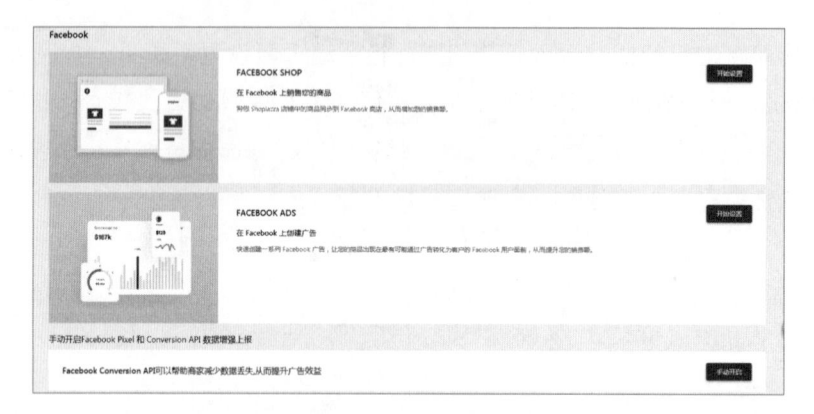

图 3-38 "Facebook" 页面

④ "满减活动"子选项：根据实际情况设置优惠规则，当前支持的优惠类型包括满额减元、满件打折（包括满 M 件 N 折、第 M 件 N 折）、满件减元、满额打折，如图 3-39 所示。优惠类型不同，显示的优惠规则也会随之发生变化。适用范围分为全部商品、专辑商品和部分商品 3 个维度。如果单击"部分商品"单选按钮，则需要进一步添加参与活动的商品。商品排序展示可以按首字母（顺序、倒序）、价格（从低到高、从高到低）、销量（销量从高到低、实际销量从高到低）来排序。卖家创建满减活动时，一定要测算好商品的成本价和活动价之间的差额，防止出现不在计划内的亏损。

图 3-39 支持的优惠类型

为了使即将进行的活动更醒目，还要进行活动页面设置，如图 3-40 所示，可以进行活动 banner、弹窗配置、满减横幅配置、倒计时及提醒文案、活动标签的设置。活动 banner 可以选择铺满全屏或两边留白。弹窗配置可以选择是否显示优惠弹窗，如果单击"显示优惠弹窗"单选按钮，顾客一进入店铺的时候就会看到，如图 3-41 所示。满减横幅出现的位置如图 3-42 所示，位于页面的底部。倒计时及提醒文案会展示在活动页面 banner 下方，可以设置每个元素的颜色。活动标签会显示在商品详情页中商品首张图片的下方。

此外，卖家可以单击"满减活动"页面的"数据明细"按钮，查看活动带来的订单量、成交额和客单价等数据，来评估活动带来的效果；单击"设置"按钮，可以对不同活动类型下展示的文案进行设置，如图 3-43 所示。

图 3-40　活动页面设置

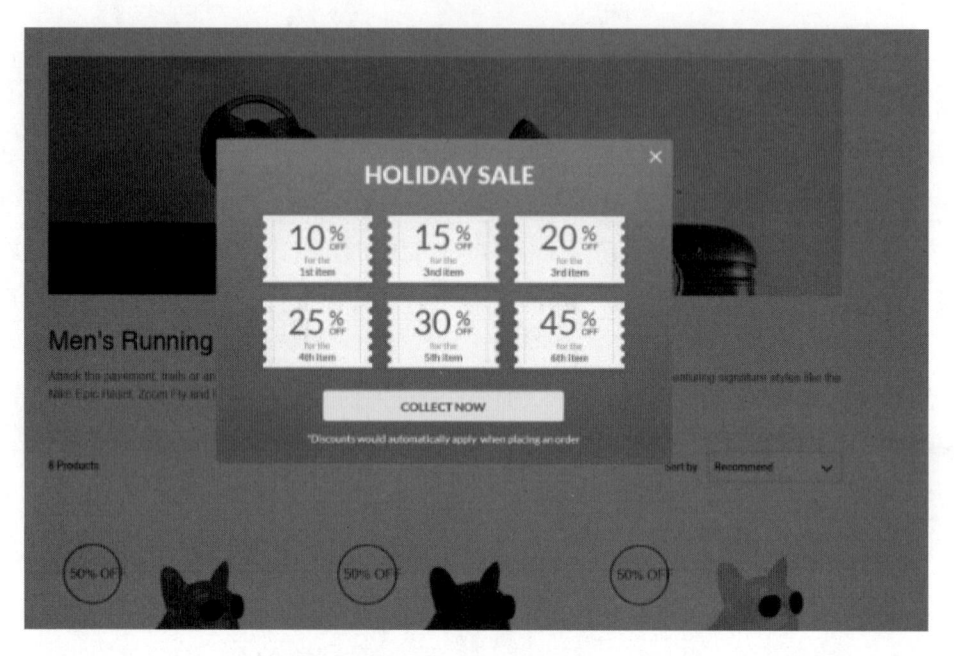

图 3-41　显示优惠弹窗

图 3-42　满减横幅出现的位置

图 3-43 "满减活动"页面

⑤ "限时促销"子选项：和"满减活动"不同，活动信息不会自动出现在首页，需要在"店铺装修"下的"主题装修"中添加名为"限时促销"的卡片，以卡片的形式添加到首页。限时促销的促销类型有固定折扣、固定减价、固定价格 3 种。"限时促销"页面如图 3-44 所示，可单击"数据明细"按钮查看促销活动的订单量、订单量占比、成交额、成交额占比、客单价、连带率等数据；单击"新建活动"按钮可以创建促销活动。按照限时促销活动的状态（全部、未开始、进行中、已结束），可以查看活动名称、活动时间、商品数量、促销类型、活动状态。卖家还可以对单个限时促销活动进行预览、提前结束、复制等操作。

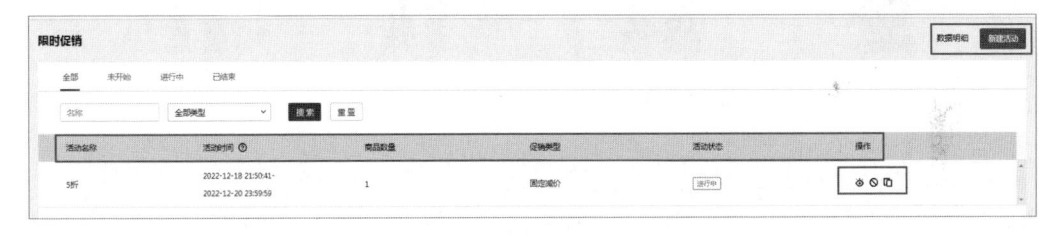

图 3-44 "限时促销"页面

⑥ "优惠码"子选项：优惠码适用于订阅店铺有礼、日常促销、弃单挽回等场景，能有效提升客户下单转化率及连带率。优惠类型有 4 种：折扣、固定减价、买 X 送 Y、免运费。免运费优惠码对全场商品生效，卖家可设置订单需要满几件或满一定金额才能享受免运费，也可指定某些国家和地区才能享受免运费。为了避免订单运费太高造成损失，卖家可设置免运费金额的上限。优惠码的门槛有 3 种：无门槛、消费满减数、消费满减额。优惠码可使用的人群有 3 个选项：任何顾客、特定类型顾客、特定顾客。如果选择特定顾客，会出现"客户列表"快捷菜单，显示客户主要联系方式和姓名。优惠码会显示在店铺 banner 及 banner 下方，如图 3-45 所示。

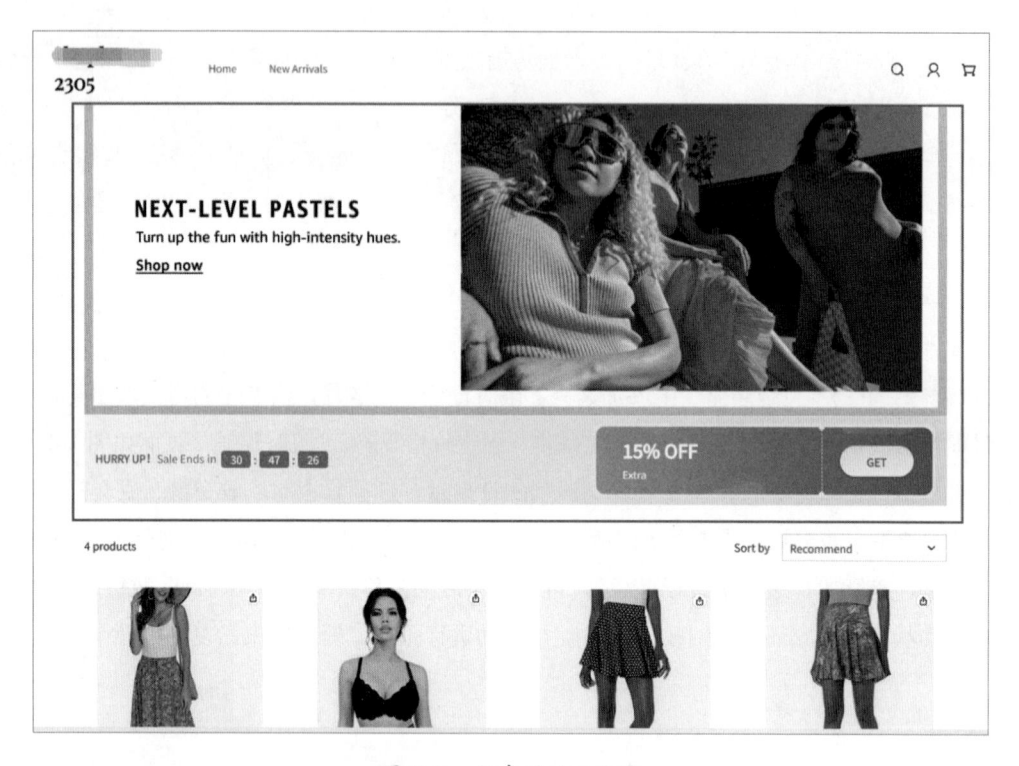

图 3-45　优惠码显示位置

如图 3-46 所示，卖家可单击"优惠码"页面的"数据明细"按钮进入"优惠码概览"页面，查看订单量、抵扣金额、成交额、客单价、连带率等数据；单击"新建活动"按钮可以创建优惠码活动。按照优惠码的状态（全部、未开始、进行中、已结束），可以查看活动名称、活动时间、优惠规则、适用范围、已消耗/剩余库存、活动状态。卖家还可以对单个优惠码活动进行预览、查看数据明细、提前结束等操作。

图 3-46　"优惠码"页面

⑦ "弹窗公告"子选项：卖家可以在此设置弹窗和公告栏，弹窗是指打开网页、软件、

手机 App 的时候自动弹出的窗口，公告栏是指放置在访客较多的地方，展示提示性内容的专栏。如图 3-47 所示，Shoplazza 提供 9 个弹窗模板，包括满减活动、订阅弹窗（2 个）、顾客挽留弹窗、购物车挽留弹窗、限时促销、假期折扣、营销活动、折扣活动等；提供 5 种公告栏样式，即包邮提醒、满××包邮提醒、活动倒计时、订阅注册、满减&免邮提醒。

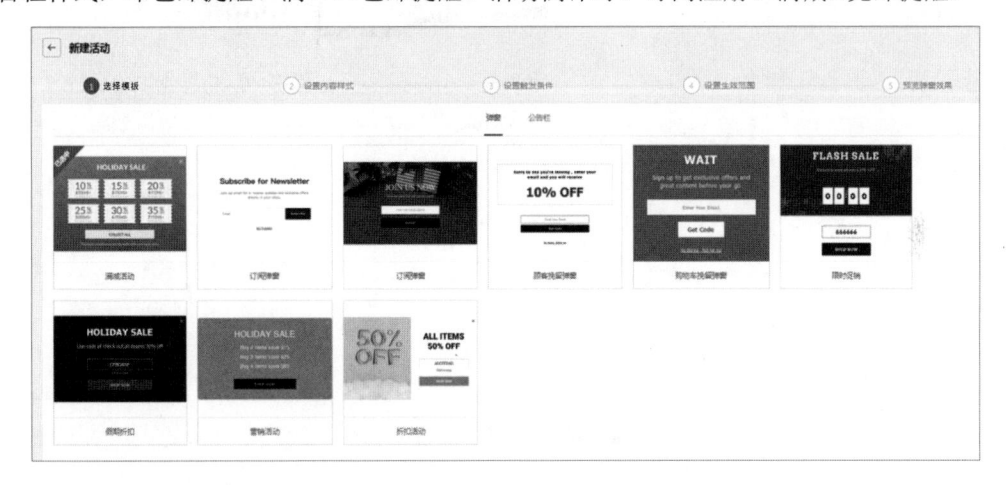

图 3-47　弹窗模板

创建弹窗和公告栏需要经过选择模板、设置内容样式、设置触发条件、设置生效范围、预览弹窗效果 5 个步骤，其中需要注意的是设置触发条件和设置生效范围这两个步骤。

设置触发条件如图 3-48 所示，展示页面可以选择全部页面或指定页面。其中，指定页面可以按页面类型设置（首页、专辑详情页、商品详情页、购物车等）或是按页面 URL 设置，但是 URL 最多添加 10 个，可选择包含或等于所填页面 URL。按页面类型设置和按页面 URL 设置可以同时使用。触发时机可选择进入页面或离开页面。延迟时间可以选择不延迟或延迟××弹出。其中，离开页面仅对 PC 端生效，手机端无法触发。触发时机选择离开页面时，延迟时间只能选择"不延迟"。展示频次有 5 个选项。停止条件可以选择弹出××次后、关闭后或参与活动后。

设置生效范围这一步骤中最重要的是选择目标用户，可以选择全部用户或单击"编辑"按钮设置目标用户，可通过新老用户、是否订阅、是否登录、订单数量、已购金额、购物车商品数、购物车金额进行目标用户的筛选，如图 3-49 所示。

弹窗和公告栏设置完成后，可单击活动的右上方进行暂停活动、编辑、复制、预览、删除等操作，如图 3-50 所示。

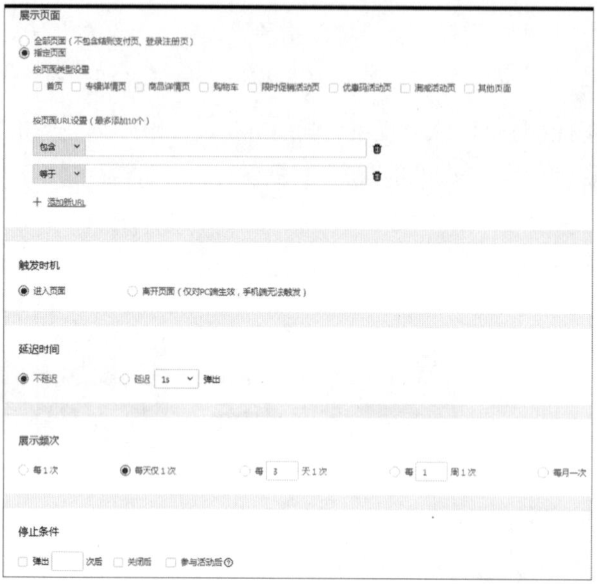

图 3-48　设置触发条件

图 3-49　设置目标用户

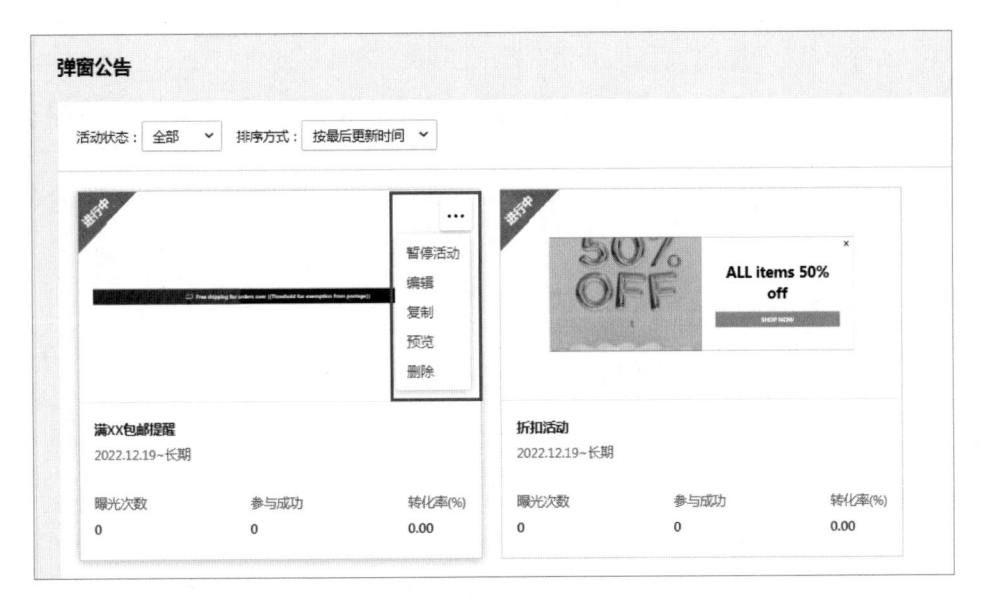

图 3-50 对活动进行操作

⑧ "浮窗通知"子选项：浮窗通知以悬浮在页面上的形式通知正在访问店铺的客户最近有哪些人购买了店铺的哪些商品，从而制造热销的氛围，有利于推动客户下单。操作步骤是在"浮窗通知"页面单击右上角的"设置"按钮，在打开的页面中，开启浮窗通知，如图 3-51 所示。

图 3-51 开启浮窗通知

（7）"数据"选项。此选项下有 8 个子选项："实时数据""数据概览""商品数据详情""UTM 报表""页面数据详情""库存售罄率报表""财务报表""自定义报表"。

①"实时数据"子选项：页面显示消费者在店铺浏览和购买的实时数据，包括成交额、访客人数、订单数、访问趋势、访客行为（正在加车、正在结账、成功下单）等，如图3-52所示。

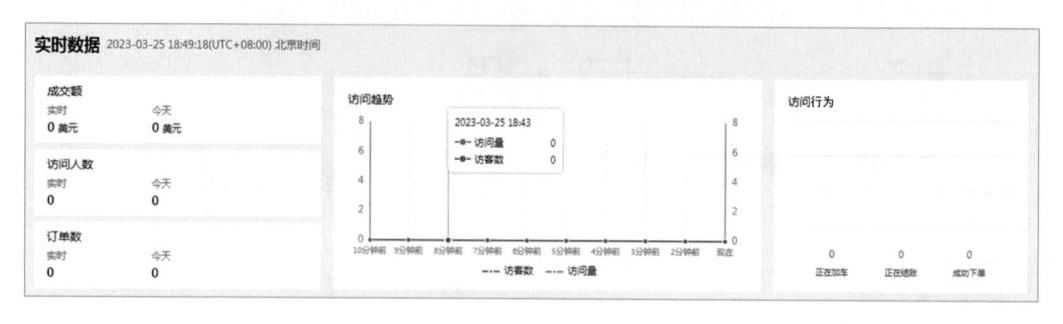

图3-52 "实时数据"页面

②"数据概览"子选项：根据转化率漏斗展示商品从浏览到成交过程中各阶段的数据，默认查看今天的数据，支持查看昨天、过去7天、过去30天的数据，卖家可以根据实际情况选择查看的时间范围，也可以进行两个时间段的数据比较，还可以根据国家/地区查看数据。"数据概览"页面可以查看的数据包括访问用户、访问量、订单量、成交商品数量、成交额、退款、转化率、转化率漏斗、客单价、连带率、热卖商品、热卖国家/地区、访客数（按流量渠道统计、按社交来源统计、按搜索来源统计）等。

③"商品数据详情"子选项：对店铺中售卖的商品以专辑、大商品、子款式为主维度辅以自定义数据进行分析，"商品数据详情"页面如图3-53所示。单击"编辑表头"按钮可以选择不同的角度分析商品数据，单击"数据趋势图"按钮可以以折线图、柱状图的形式查看数据趋势。

图3-53 "商品数据详情"页面

④"UTM报表"子选项：UTM的全称是Urchin Tracking Module，主要用于追踪付费广告的效果。为了详细了解付费广告带来的效果，广告着陆页会添加一些参数用于区分不同的广告信息。当用户通过某个广告着陆页访问店铺时，带有特定参数的信息就会发送到对应

的分析工具，卖家就可以在报告里面看到各个广告的效果。

⑤ "页面数据详情"子选项：在"页面数据详情"页面，可以查看每个页面的浏览量、浏览用户数、跳出率，如图 3-54 所示，还可以预览某个页面在前台的样式。

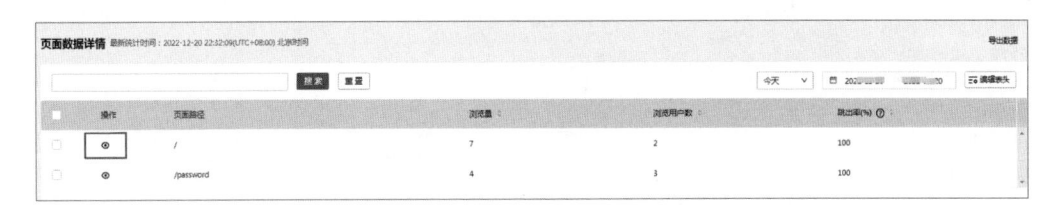

图 3-54　"页面数据详情"页面

⑥ "库存售罄率报表"子选项：卖家可以在此了解商品的售卖情况，从而可以更好地确定是否需要继续采购或降低库存。买家可以查看的数据有商品 ID、子款式 ID、商品名称、子款式名称、商品图片、库存售罄率、商品标签、销售报告天数、期初库存、期末库存、销售库存、每日平均销售库存、销售库存占比等。

⑦ "财务报表"子选项：提供某个时间段的店铺销售额、收款、负债等情况，如图 3-55 所示。

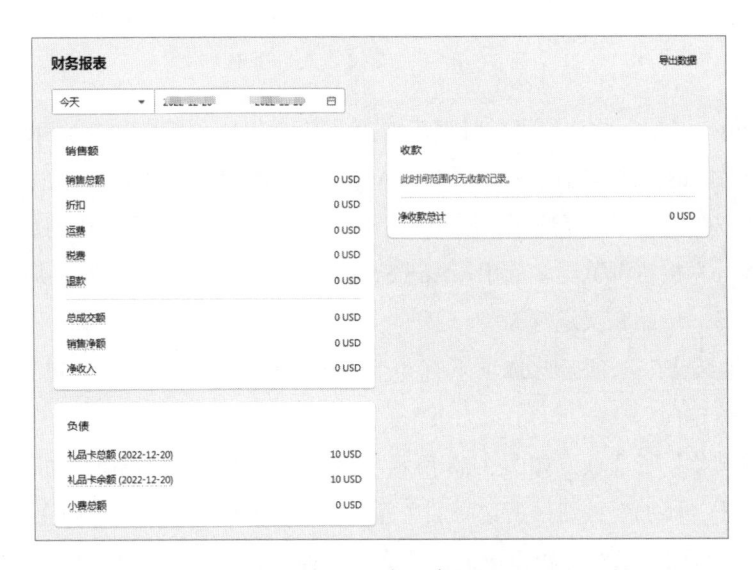

图 3-55　"财务报表"页面

⑧ "自定义报表"子选项：具有提供自选数据字段生成定制化的自定义报表的功能，可

以满足用户不同的数据需求,"自定义报表"页面如图3-56所示,自定义报表可以选择图中的字段生成报表。

图3-56 "自定义报表"页面

(8)"Apps"选项。此选项可以管理店铺中已安装的App或前往App Store获取更多新App,是能帮助店铺更好运营的辅助工具。"Apps"页面如图3-57所示,卖家可以单击"管理私有App"按钮管理开发者应用,使开发者通过接口访问、修改系统中的数据;可以单击"访问App Store"按钮浏览更多应用,App Store中的应用分为最新推荐、最受欢迎、新兴趋势、开店必备、选品和渠道等8类。

(9)"店铺装修"选项。此选项下有4个子选项:"主题装修""自定义页面""菜单导航""URL重定向"。

①"主题装修"子选项:如图3-58所示,卖家可在此页面根据销售的商品选择合适的主题模板,单击"添加"按钮,所选择的主题模板会出现在主题库中。如图3-59所示,卖家在"主题库"页面可以对主题模板进行预览、复制、升级、发布、编辑等操作。如果对所选模板上的板块设置不满意,卖家可以进入"编辑"页面,单击左侧最下方"添加卡片"按钮寻找想要的板块进行添加,如图3-60所示。

图 3-57 "Apps"页面

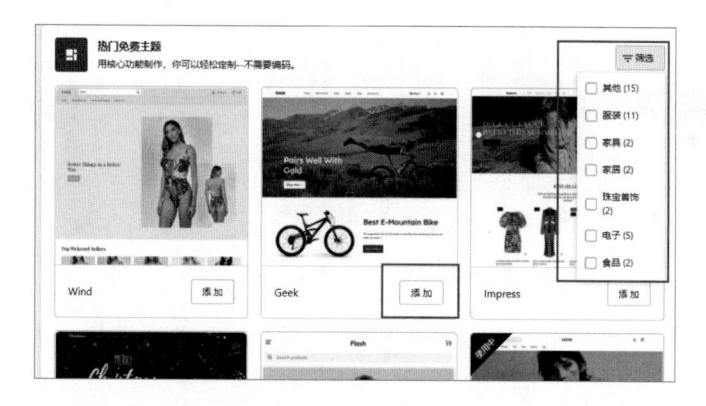

图 3-58 添加主题模板

图 3-59 "主题库"页面

（a） （b）

图 3-60　添加卡片

②"自定义页面"子选项：除主题模板上可显示的内容之外，卖家通过自定义页面可给店铺新建更多页面，这些页面可应用在所有主题中，如关于我们、FAQs。如图 3-61 所示，只需要在"页面设置"页面填写名称、编辑内容，再进行 SEO 设置即可。

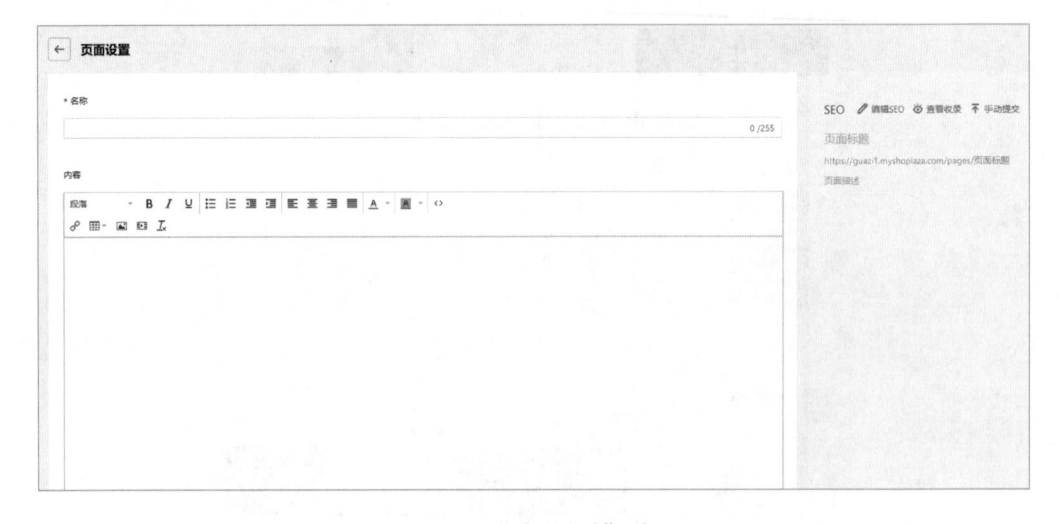

图 3-61　"页面设置"页面

③"菜单导航"子选项：在此处编辑顶部导航菜单和页尾菜单，菜单内容会展示在店铺页面上。如图3-62所示，进入"菜单导航"页面，我们可以看见两行尾部标有"不可删除"的菜单名称，单击尾部铅笔标志，就可以开始编辑菜单。在打开的页面中单击"添加菜单目录"按钮，在"添加菜单"快捷菜单中填写一级菜单名称，选择菜单链接页面，一级菜单统一选择首页，如图3-63所示。一级菜单完成后开始在一级菜单之下添加二级菜单，二级菜单如何添加呢？如图3-64所示，先按照一级菜单的步骤添加菜单，然后长按拖拽添加的菜单，将菜单拖拽到对应一级菜单的下方，生成二级菜单，三级菜单也可以按照此方法添加。

图3-62 "菜单导航"页面

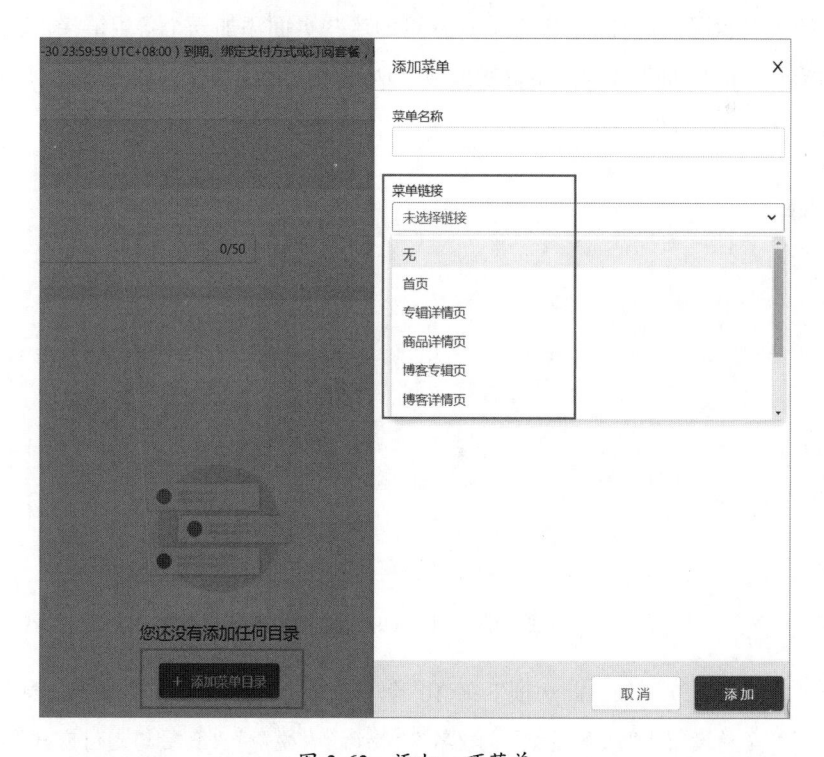

图3-63 添加一项菜单

（a）　　　　　　　　　（b）　　　　　　　　　（c）

图 3-64　添加二级菜单

④ "URL 重定向"子选项：当客户访问一些重要页面时可能会出现这些页面被删除、修改或遭遇突发状况无法打开的情况，卖家可为这些页面添加一个备用链接，让客户可以从这些无法打开的页面跳转到备用链接页面，从而避免客户流失。如图 3-65 所示，创建 URL 重定向需要填写两个 URL。

图 3-65　创建 URL 重定向

（10）"店铺设置"选项。此选项下有 10 个子选项："员工管理""基础信息""商家通知""收款""交易设置""服务条款""域名""物流""税费""套餐与支付方式"。

①"员工管理"子选项：卖家可以添加员工进行店铺运营和员工权限管理。"添加员工"页面如图 3-66 所示，卖家输入被邀请员工的姓名、账号（邮箱/电话号码），被邀请员工就会收到一封邀请邮件或短信，员工验证邮件或短信后，便添加成功了。

图 3-66　"添加员工"页面

②"基础信息"子选项：卖家可以在此设置一些店铺的基础信息，包括店铺名称、店主邮箱、财务邮箱、客服邮箱、账户语言、店铺货币、联系地址、自定义订单前缀、店铺防爬、客户隐私等。其中，店铺防爬是指阻止非正常流量爬取店铺信息、复制店铺内容。

③"商家通知"子选项：开启后可以及时通知商家订单进程，"商家通知"页面如图 3-67 所示，有 3 类通知，分别为订单通知、确认收货通知、评论通知。

图 3-67　"商家通知"页面

④"收款"子选项：收款渠道包括 PayPal 收款、信用卡收款、货到付款、其他支付方式和本地支付，需要在"套餐与支付方式"处绑定用于支付套餐的信用卡或借记卡后才可以设置收款渠道。

⑤"交易设置"子选项：卖家可以在此设置交易过程中涉及的步骤和信息，包括登录要求、扣减规则、商品状态检验、结账页形式、Coupon 功能优惠码应用框的显示位置、邮政编码校验、订单取消释放库存、收货人信息、税号收集、结账页留言功能等。

⑥"服务条款"子选项：卖家可以在此设置退款条约、隐私政策、服务条约。条约内容可以根据 Shoplazza 提供的模板设置，也可以自己创建。这些条款会作为链接显示在结账页面的页脚中。如果有必要可以把这些条款添加到"在线商店"的导航菜单中。

⑦"域名"子选项：卖家可以在此设置域名、屏蔽区域、屏蔽 IP。域名可以选择使用 Shoplazza 提供的店铺主域名，也可以绑定自己购买的域名。屏蔽区域开启后可屏蔽指定地区或国家的用户访问店铺。

⑧"物流"子选项：卖家可以在此设置不同商品运往不同国家采用的不同运费方案，分为通用物流方案和自定义物流方案。通用物流方案应用于所有商品，自定义物流方案用于某些具有特殊性质的商品。

通用物流方案的设置步骤如下：单击"通用物流方案"按钮，进入编辑页面，填写方案名后，单击"创建区域方案"按钮。在"区域设置"对话框中输入区域名称，选择是否支持货到付款，选择国家/地区，如图 3-68 所示。建议将距离较近、运费相差不大的国家选定在一组。创建区域方案后，要在此基础上添加运费方案，如图 3-69 所示，可以根据实际情况自由组合规则设置、运费设置、运费 3 个栏目，如可以设置购买任何东西免运费的方案，需要"规则设置"下的"订单价格"选择"0-无限"，"运费设置"选择"固定运费"，"运费"文本框中填"0"。一个运费方案可以添加到多个物流方案中。

创建自定义物流方案与创建通用物流方案的步骤相比，只是多了添加商品，如图 3-70 所示。但是，每个商品只能适用一种物流方案，所以在自定义物流方案中出现的商品不可以使用通用物流方案的运费规则。

⑨"税费"子选项：针对"物流"子选项中添加的国家/地区，设置对应的税费。如图 3-71 所示，对应"物流"子选项中的通用物流方案和自定义物流方案，税费方案分为基础税费方案和自定义税费方案。目前，从国内发货不需要设置税费，如果从海外仓发货，需要了解当地的税收政策再进行设定。

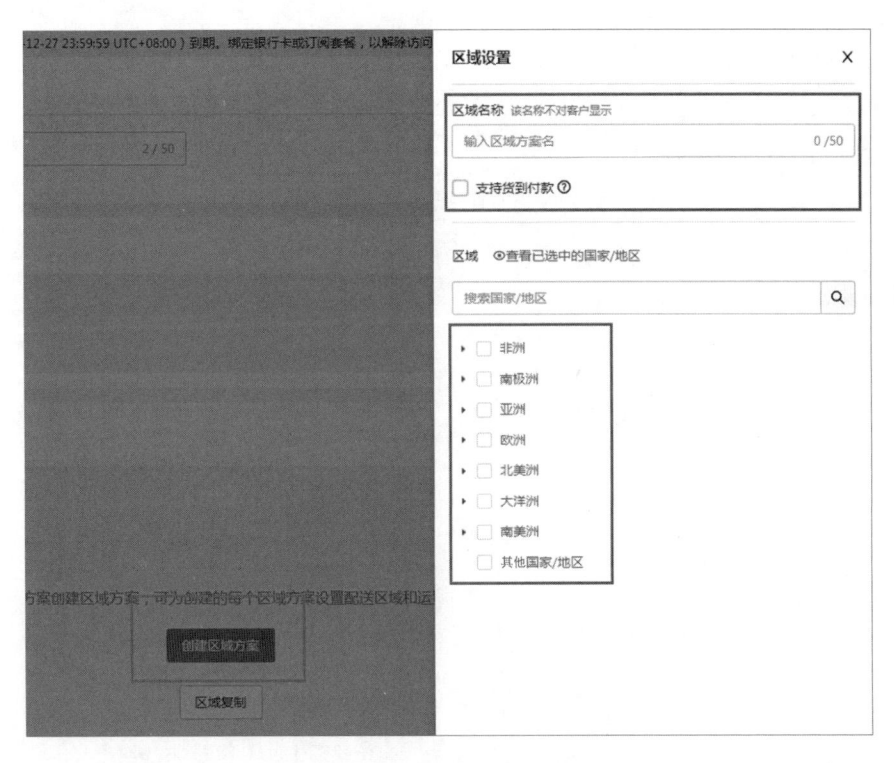

图 3-68　创建区域方案

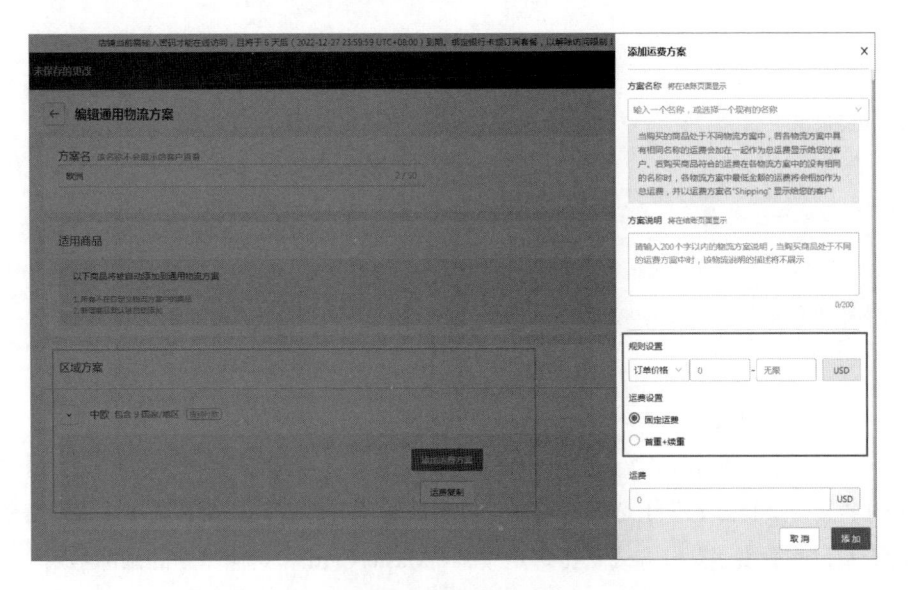

图 3-69　添加运费方案

图 3-70　添加商品

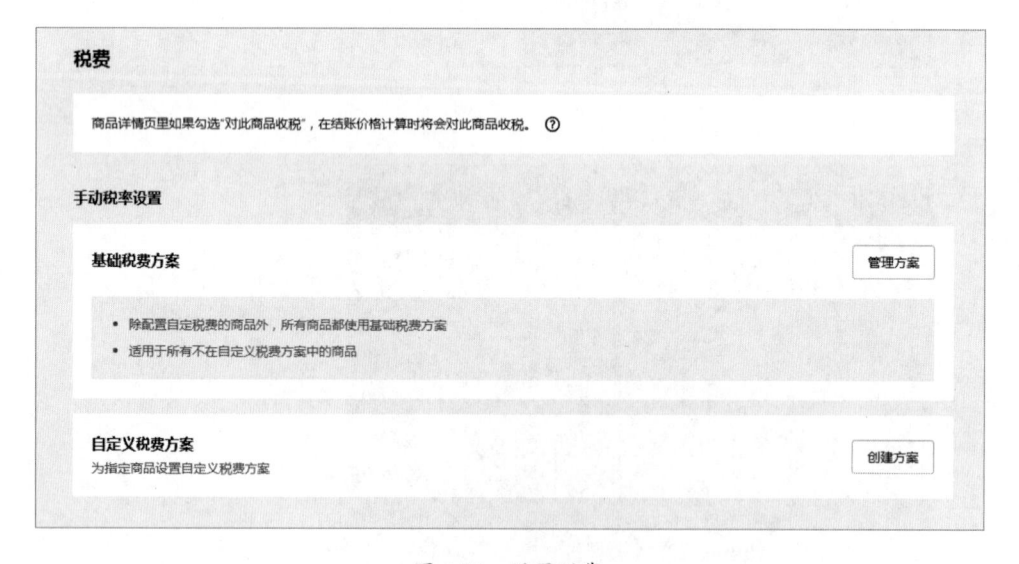

图 3-71　设置税费

⑩ "套餐与支付方式"子选项：卖家可以在此管理付款方式、查看账单、管理套餐订阅计划及查看已购套餐。支付方式支持绑定 Visa、MasterCard 和其他品牌的国际信用卡，或者绑定银联卡（支持银联信用卡和借记卡），如图 3-72 所示。

图 3-72 支付方式

（11）"后台设置"选项。此选项分为两个子选项："素材中心"和"操作日志"。

①"素材中心"子选项：存放店铺中使用的所有素材，包括图片、图标和视频等。

②"操作日志"子选项：记录店铺后台的设置及修改行为，包括操作账号、操作人、操作时间、菜单、子菜单、操作详情等。

本章习题

一、选择题

1．单选题

（1）符合评论门槛的用户才能对商品进行评论，以下（　　）不是 Shoplazza 的评论门槛。

　　A．成功下单

　　B．下单后确认收货

　　C．注册账号

　　D．无门槛

（2）以下（　　）不是 Shoplazza 支持的 Feed 格式。

A．Facebook Feed、Bing Feed

B．Criteo Feed

C．Pinterset Feed、Snapchat Feed

D．Google Feed

2．多选题

（1）Shoplazza 创建商品分类的方式有（　　）。

A．自定义分类

B．谷歌分类

C．亚马逊分类

D．ISO9001 分类

（2）Shoplazza 平台添加商品的方式有（　　）。

A．手动添加

B．通过表格导入

C．一键迁移

D．以上皆是

二、问答题

想要增加销售额，可以使用 Shoplazza 平台的哪些功能？

第4章

OpenCart 独立站

4.1　OpenCart 简介

OpenCart 是面向在线卖家的免费开源电子商务平台，不需要缴纳月费，功能强大，卖家可以快速入门。一个后端可以建立多个商店，卖家可以添加无限多的商品分类和商品，它也支持多语言、多货币，拥有一定编码能力的卖家可以尝试一下。它的前身是在 1998 年由 Christopher G. Mann 为 Walnut Creek CDROM 与后来的 The FreeBSD Mall 所开发的。第一次公开发布是 1999 年 5 月 11 日，使用 Perl 开发，此后几乎停滞不前。2005 年 2 月域名过期后，由英国开发者 Daniel Kerr 接管，Daniel Kerr 将其作为自己的电子商务软件的基础，用 PHP（Hypertext Preprocessor，超文本预处理器）撰写，不断完善，版本一直在更新。OpenCart 网站首页如图 4-1 所示。

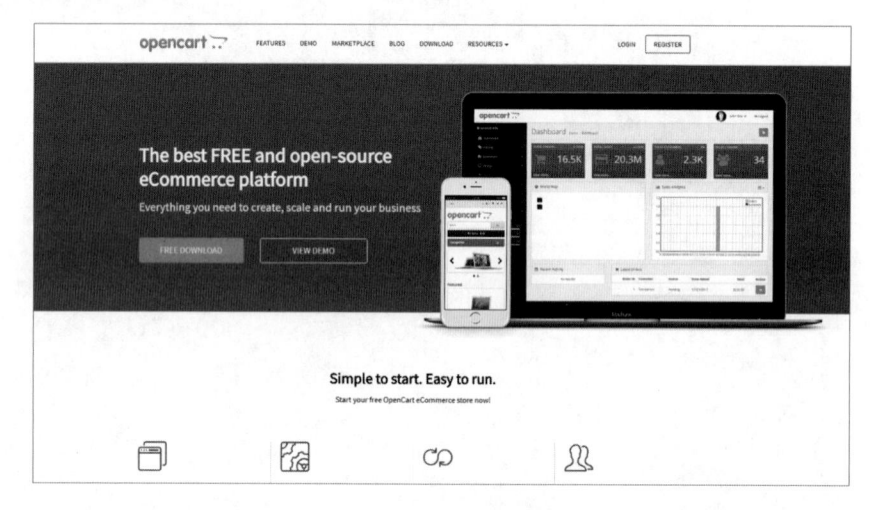

图 4-1　OpenCart 网站首页

4.2　OpenCart 基础操作

4.2.1　OpenCart 注册

在安装、注册 OpenCart 之前先要搭建本地数据库环境。这里以 PHPStudy v8.1 为发布环境进行讲解。

（1）在 OpenCart 中文官网选择合适的免费版进行下载，此处以 OpenCart v3.8 国际免费版为例，如图 4-2 所示。

产品名称	版本号	发布时间	下载次数	下载
国际免费版	v3.8	2022-03-08	16335 次	免费下载
中文免费版	v3.8	2022-03-08	12315 次	免费下载
国际免费版	v3.7	2020-12-10	25382 次	免费下载
中文免费版	v3.7	2020-12-10	25412 次	免费下载
中文免费版	v3.6	2019-07-08	15449 次	免费下载
中文免费版	v3.0	2018-09-19	32954 次	免费下载

图 4-2　OpenCart v3.8 国际免费版下载

（2）下载完成后找到文件所在的位置，解压文件，解压后的文件夹如图 4-3 所示，打开 upload 文件夹，打开后的内容如图 4-4 所示，将 upload 文件夹内的文件全部剪切出来进行粘贴，并将已成为空文件夹的原 upload 文件夹删除，如图 4-5 所示。

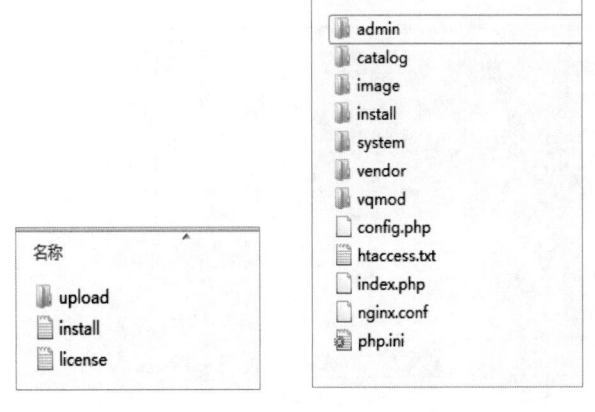

图 4-3　解压后的文件夹　　图 4-4　upload 文件夹　　图 4-5　删除原 upload 文件夹

（3）在 PHPStudy 官网选择合适的版本下载。以 PHPStudy v8.1 为例，打开客户端之后，启动 Apache2.4.39 和 MySQL5.7.26，如图 4-6 所示，然后选择"数据库"选项，单击 root 数据库"操作"按钮，修改密码，如图 4-7 所示。修改成功后，单击"创建数据库"按钮，输入数据库名称、用户名、密码，如图 4-8 所示，单击"确认"按钮。

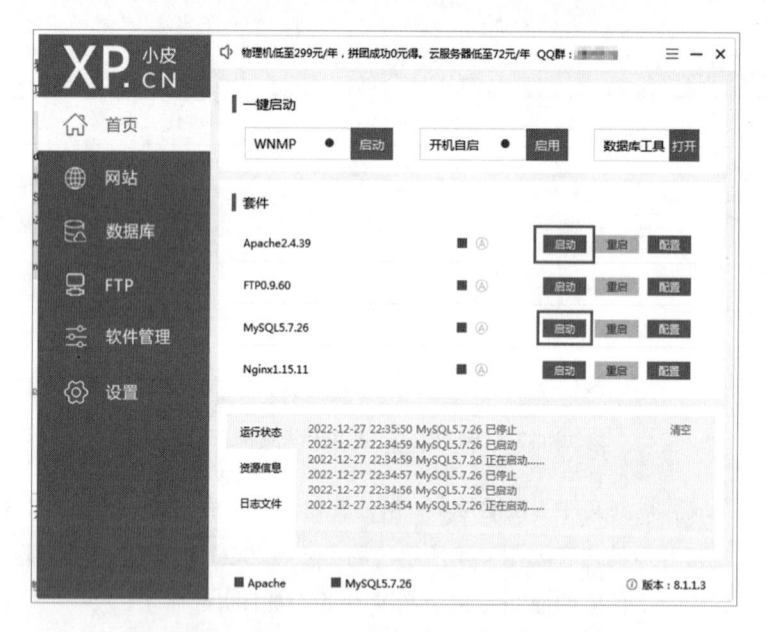

图 4-6　启动 Apache2.4.39 和 MySQL5.7.26

图 4-7　修改密码

图 4-8　创建数据库

（4）创建网站，填写域名和根目录，根目录选择存放 OpenCart 程序文件的文件夹，如图 4-9 所示。

图 4-9　创建网站

（5）返回首页，重启 Apache2.4.39 和 MySQL5.7.26 后，"网站"页面如图 4-10 所示，选择"管理"下的"打开网站"便进入安装页面开始安装 OpenCart，如图 4-11 所示。输入连接数据库的详细信息，包括数据库地址、用户名称、密码、数据库名称，再输入管理员用户名、密码、邮箱地址，单击"继续"按钮，如图 4-12 所示，出现如图 4-13 所示页面，单击"登录管理员后台"按钮，出现 OpenCart 后台登录页面，如图 4-14 所示，便代表 OpenCart 安装成功，在此页面输入账号和密码便能进入 OpenCart 后台。最后，为了保护网站的数据安全，务必删除安装文件中的 install 文件夹，如图 4-15 所示。

图 4-10 "网站"页面

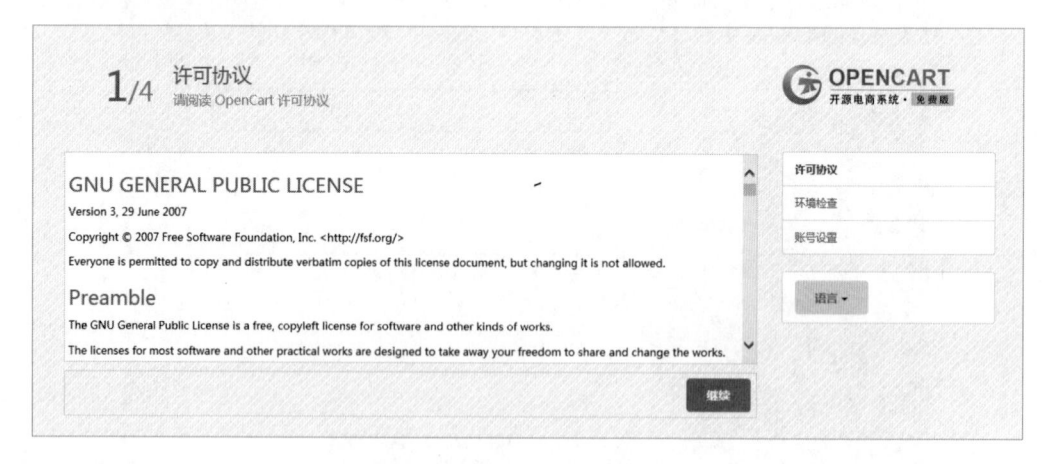

图 4-11 OpenCart 安装页面

图 4-12 输入数据库和管理员的详细信息

图 4-13 单击"登录管理员后台"按钮

图 4-14　OpenCart 后台登录页面

图 4-15　删除 install 文件夹

4.2.2　后台功能简介

OpenCart 后台页面如图 4-16 所示，总共分为 3 部分：顶部导航栏、左侧列表框、中间控制面板。中间控制面板的内容会随着左侧列表框及顶部导航栏的变化而变化。

其中，顶部导航栏如图 4-17 所示，3 个位置的作用分别是第 1 部分可以折叠左侧列表框，使中间控制面板可以全屏显示；第 2 部分可以编辑账号信息（包括用户名、名字、姓氏、邮箱、头像、密码、确认密码），下面包括通过链接访问 OpenCart 技术支持、支持文档、技术论坛 3 个选项；第 3 部分为退出登录。

第 4 章 OpenCart 独立站 | 101

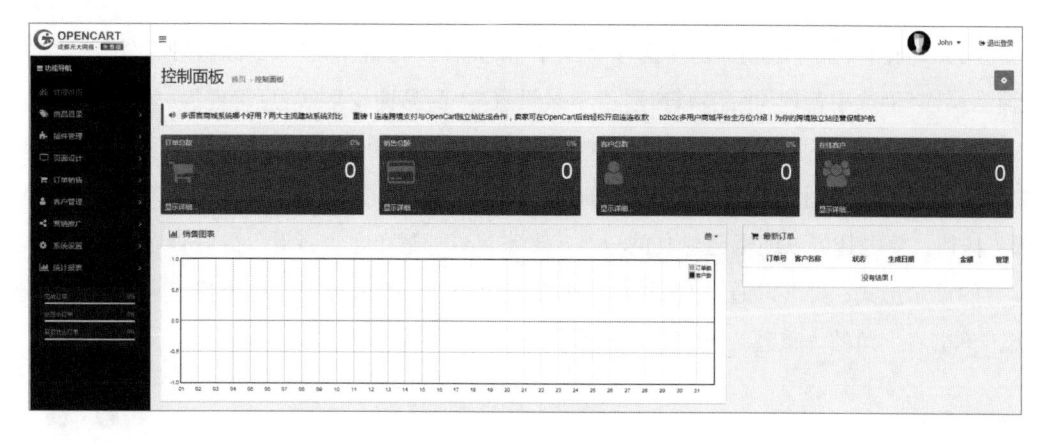

图 4-16 OpenCart 后台页面

图 4-17 顶部导航栏

左侧列表框共有 9 个选项："管理首页""商品目录""插件管理""页面设计""订单销售""客户管理""营销推广""系统设置""统计报表"。我们从上往下一一介绍。

（1）"管理首页"选项。如图 4-18 所示，选择"管理首页"选项，中间控制面板会显示订单总数、销售总额、客户总数、在线客户、销售图表、最新订单，通过这些数据，卖家可以大致了解店铺目前的状态。控制面板右上角有齿轮状的按钮，是"开发者设置"按钮，主要是为了管理主题模板和 Sass（CSS 扩展语言）的缓存。

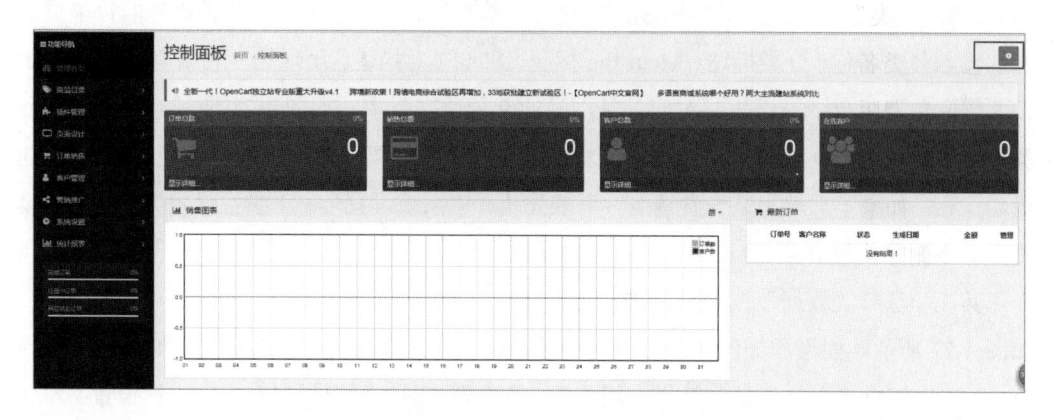

图 4-18 "管理首页"的控制面板

（2）"商品目录"选项。这个选项有 9 个子选项："商品分类""商品管理""筛选过滤""商品属性""选项管理""品牌管理""下载设置""商品评论""信息管理"。

① "商品分类"子选项："商品分类"页面如图 4-19 所示，后台已经有一些分类示例，右上方 3 个按钮分别代表添加、重建、删除，已建立的商品分类后边出现的铅笔标志为"编辑"按钮，单击其可以编辑已建立的分类，卖家可以通过单击"查看"按钮查看分类在网站前台的展示形式。卖家可通过右侧的"筛选过滤"板块，输入分类名称查找包含此名称的分类。单击右上角的"重建"按钮，可以重置筛选条件。

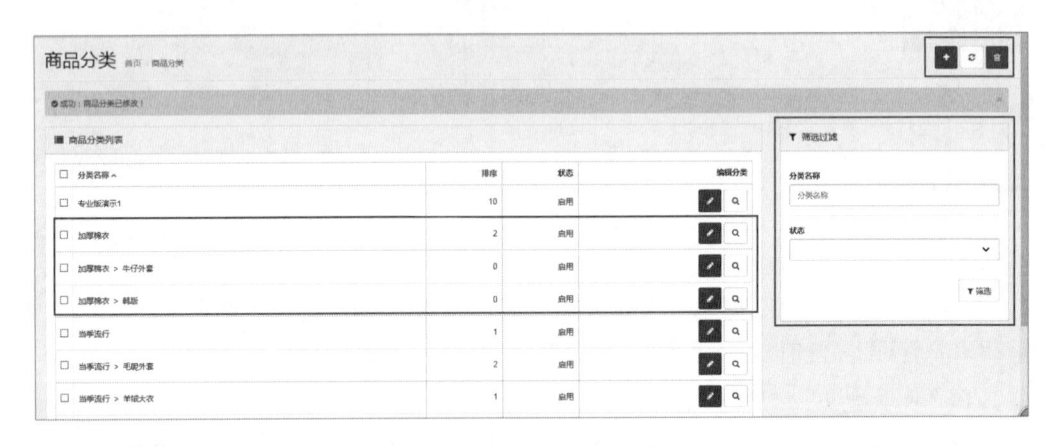

图 4-19　"商品分类"页面

添加商品分类的步骤如下。首先，单击"商品分类"页面右上角的"添加"按钮，进入"添加商品分类"页面，如图 4-20 所示，选择"基本信息"选项卡，在 9 种语言的每个页面分别输入分类名称、分类描述、Meta Tag 标题、Meta Tag 描述。出现的 9 种语言是 OpenCart v3.8 国际免费版自带的语言，对应的是网站的 9 种语言版本，如图 4-21 所示。添加商品分类时必须将出现的 9 种语言的每个页面上的带有"*"（必填）标志的内容都进行填写，才能成功保存，如果不想填写某一种语言，需要先执行"系统设置"→"参数设置"→"语言设置"命令删除此种语言。

其次，选择"数据"选项卡，进行上级分类、图片、导航栏显示、排序、状态的设置，如图 4-22 所示。如果添加的商品分类为一级导航，则上级分类应该选择无，如果是二级导航，可以选择已建立的商品分类为上级分类。筛选器、图片可根据自身需求进行设置。勾选"导航栏显示"复选框，则添加的商品分类会显示在导航栏上，如图 4-23 所示。"排序"文本框中所填的数字越小，出现在导航栏上的位置越靠前。状态可以选择启用或禁用，选择启用，则商品分类会显示在前台。单击"保存"按钮，即完成商品分类的添加。

图 4-20 "基本信息"选项卡

图 4-21 网站的 9 种语言版本

图 4-22 "数据"选项卡

图 4-23 导航栏

②"商品管理"子选项:"商品管理"页面如图 4-24 所示,右上角 3 个按钮分别代表添加、复制、删除,中间区域是筛选条件,可以根据条件筛选出想要查看的已建立的商品内容。单击"状态"一栏下的按钮,可以使商品的状态在"已下架"和"已上架"之间切换,单击"管理"下的"编辑"和"查看"按钮,分别可以重新编辑商品内容和查看商品在前台的展示形式。

新增商品的步骤如下。单击"商品管理"页面右上角的"添加"按钮,进入"新增商品"页面,选择"基本信息"选项卡,如图 4-25 所示,在 9 种语言的每个页面分别输入商品名称、商品描述、Meta Tag 标题、Meta Tag 描述、Meta Tag 关键字、商品标签。其中，商品描述的内容可以参考亚马逊或速卖通的商品详情，图文并茂，展示商品特点。

图 4-24　"商品管理"页面

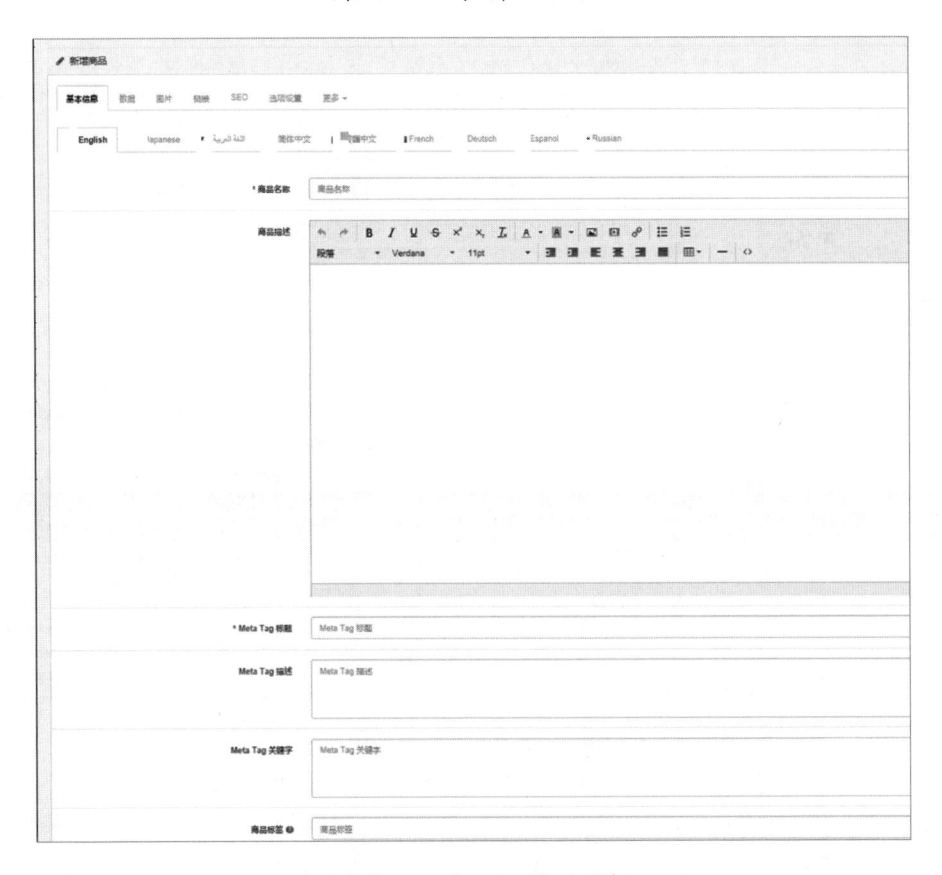

图 4-25　"基本信息"选项卡

"数据"选项卡如图 4-26 所示，如实填写即可。如果新增的是电子下载商品，要在"商品税别"下拉列表选择"电子下载商品"选项。

　　"图片"选项卡如图 4-27 所示，需要上传商品的主图和附加图。

　　"链接"选项卡如图 4-28 所示，商品品牌可以选择"无"或选择在"商品目录"→"品牌管理"中已经添加的品牌名称，如何添加品牌名称会在后续章节进行讲解。"相关商品"文本框中可以输入已经建立的商品名称关键词，筛选合适的商品与正在新增的商品出现在同一个页面，如正在新增的商品是羽绒服，相关商品就可以选择不同款式的羽绒服、羽绒裤、鞋子等，以吸引客户购买更多商品。

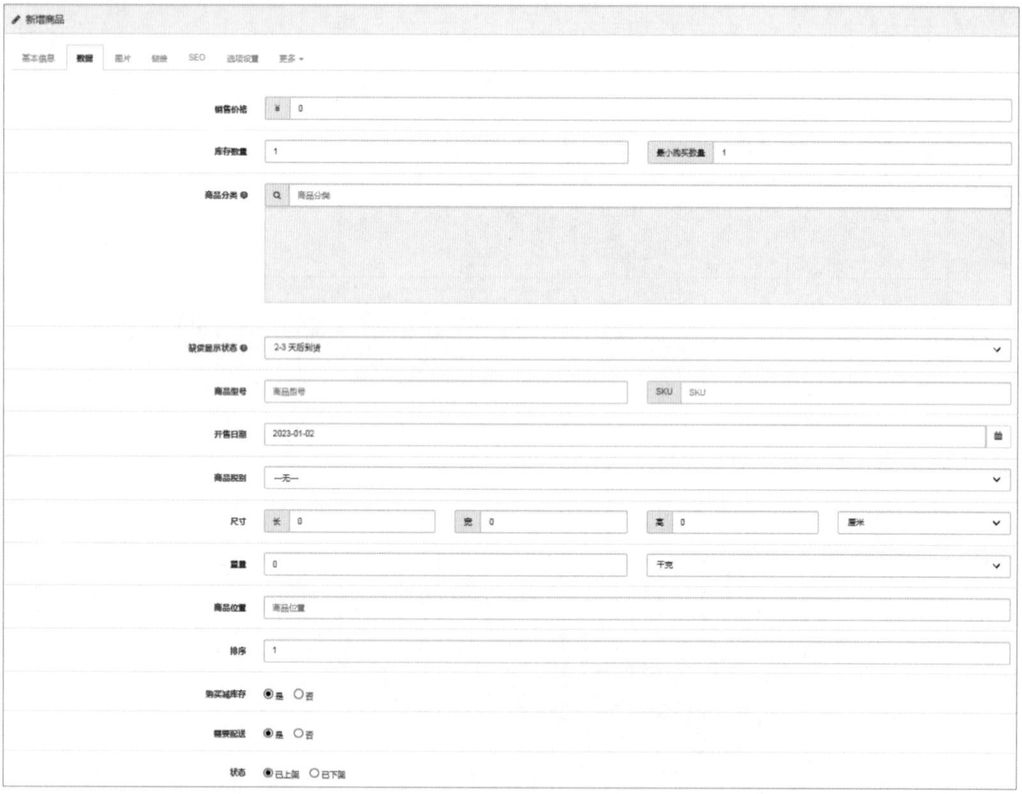

图 4-26　"数据"选项卡

图 4-27 "图片"选项卡

图 4-28 "链接"选项卡

"选项设置"选项卡如图 4-29 所示，此处设置的选项是在"商品目录"→"选项管理"中进行设置的，具体如何设定会在后续章节进行讲解。如果新增的商品是衣服，此处选项设置可以选择"尺码"，再根据尺码填写库存数量、销售价格、重量等相关内容，如图 4-30 所示。

图 4-29 "选项设置"选项卡

图 4-30 根据尺码填写相关内容

单击"更多"按钮,可以根据需要设置更多内容,如图 4-31 所示。例如,"批量购买"选项,卖家可以根据购买的数量设置不同的价格;"特价"选项,卖家可以根据不同的客户设置不同的价格。如果销售的是电子下载商品,需要在"下载"选项中选择要销售的虚拟内容。

图 4-31　更多设置

③"筛选过滤"子选项:卖家可以在网店首页建立筛选框,使客户通过选择筛选条件快速查找到符合自己要求的商品。如果想要网店首页出现筛选框,需要在 4 个部分进行设置。首先,在"筛选器管理"页面,如图 4-32 所示,单击右上角的"添加"按钮,进入如图 4-33 所示页面,填写筛选器群组名称和筛选器值,图中填写的是一个示例,需要填写 9 种语言的筛选器群组名称,再填写 9 种语言的筛选器值,单击右上角的"保存"按钮,便建立了一个筛选器群组。其次,执行"商品管理"→"商品分类"→"数据"→"筛选器"命令,将筛选器添加在每个商品分类中。再执行"商品管理"→"商品管理"→"更多"→"筛选"命令,根据商品的各项条件选择相符合的筛选器添加到每个商品中,如一顶帽子价格为 89元,那么需要在"筛选"这一项中选择"价格>0-100"。再次,执行"插件管理"→"插件管理"→"功能模块"命令,安装筛选器,并将筛选器状态调整为启用,如图 4-34 所示。最后,执行"页面设计"→"页面布局"→"商品分类"命令,将"筛选器"模块添加到指定位置,可以添加到左侧列、内容顶部或内容底部、右侧列等,选择左侧列,如图 4-35 所示。最终呈现的效果如图 4-36 所示。

图 4-32 "筛选器管理"页面

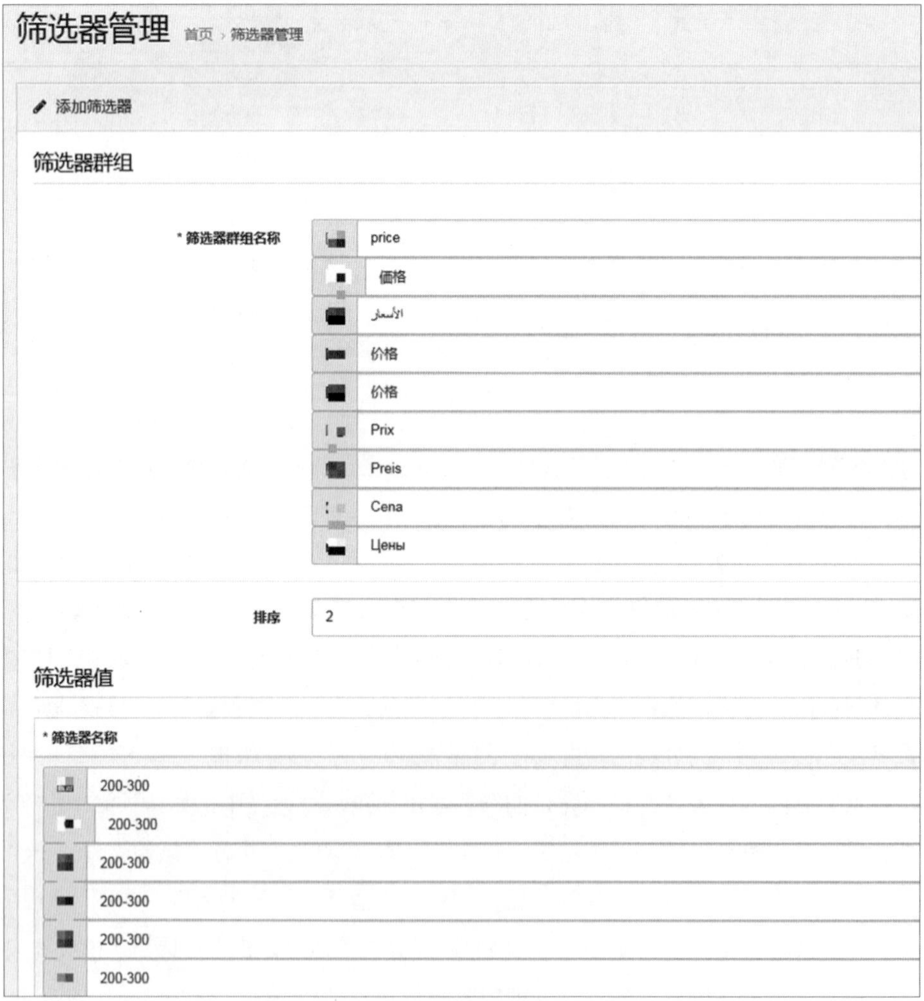

图 4-33 添加筛选器

图 4-34　启用筛选器

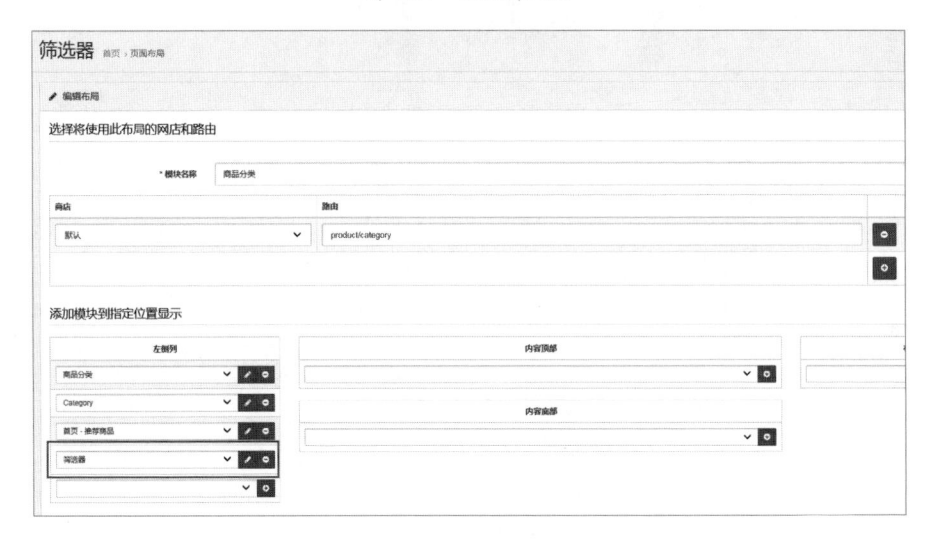

图 4-35　添加筛选器模块到左侧列

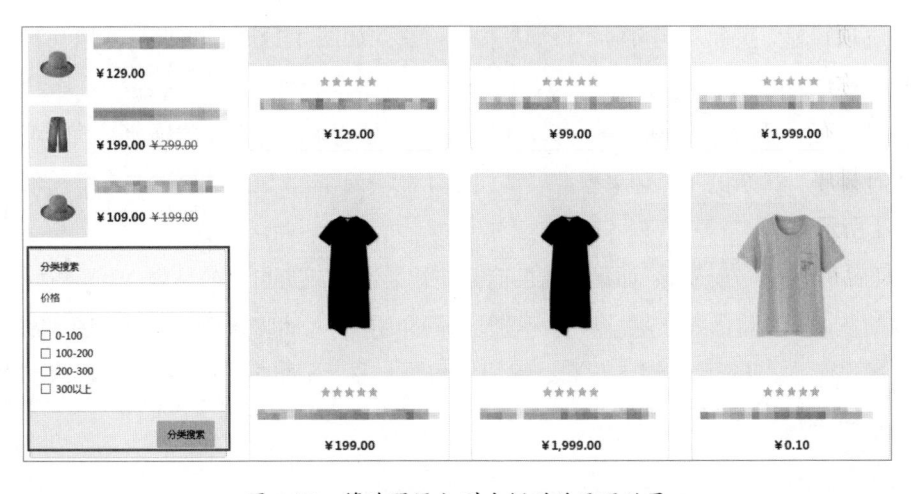

图 4-36　筛选器添加到左侧列的呈现效果

④"商品属性"子选项：卖家可在此设置商品属性和属性组。商品属性内容展示在网店前台的位置和样式如图4-37所示。创建商品时，此项内容可填可不填，因为很多想要填写的内容可直接填写在商品详情中，更方便快捷。创建商品属性，需要先创建属性组，然后在属性组的基础上进一步设置商品属性。添加商品时，可执行"商品管理"→"编辑商品"→"更多"→"属性"命令，对商品属性进行进一步的编辑。

图 4-37　商品属性内容展示在网店前台的位置和样式

⑤"选项管理"子选项：选项管理内容展示在网店前台的位置和样式如图4-38所示。单击"选项管理"页面右上角的"添加"按钮，进入如图4-39所示页面，先用9种语言填写选项名称，选项名称可以是颜色、尺寸、赠品等与商品相关的内容。接着，在下拉列表中选择类型，有4类9种选项可供选择，可以根据实际需求选择相应的选项，最后填写选项值及进行排序。举个例子，如果想要展现如图4-40所示的效果，需要添加两个选项，内容如表2-1所示。

⑥"品牌管理"子选项：如果销售的商品是知名品牌或是自己的品牌，为了更好地赢得客户的信任，可以将品牌名称添加到标题及商品介绍中。"品牌管理"页面如图4-41所示，添加品牌很简单，只需将品牌名称和品牌图片添加上去，添加的品牌名称展示在商品详情页的样式如图4-42所示。

图 4-38　选项管理内容展示在网店前台的位置和样式

图 4-39　添加选项

图 4-40　选项示例

表 4-1　添加颜色、尺码选项需填写的内容

选项名称	颜色	尺码
类　　型	单选	单选
选项值和排序	黑（0）、白（1）、黄（2）、蓝（3）	S（0）、M（1）、L（2）、XL（3）

图 4-41　"品牌管理"页面

图 4-42 品牌名称展示在商品详情页的样式

⑦ "下载设置"子选项：此子选项的设置主要适用于销售电子下载商品。单击"下载管理"页面右上角的"添加"按钮，进入如图 4-43 所示页面，填写下载名称，单击"上传"按钮上传文件，修改掩码。为什么修改掩码？文件上传成功后，"掩码"文本框中出现的内容与上传的文件名相同。修改掩码是为了避免一些网店访客根据掩码猜测出文件名，使用一些技术手段从而造成无须实际购买即可直接获得电子下载商品的情况。

图 4-43 添加下载

⑧ "商品评论"子选项："商品评论"页面如图 4-44 所示，卖家可以单击"添加"按钮自己添加针对某个商品的评论，也可以删除评论。单击评论后边的"编辑"按钮，可以对评论内容进行重新编辑，也可以设置评论的状态为启用或禁用。此外，涉及商品评论的板块在"系统设置"下的"选项设置"选项卡中，如图 4-45 所示，只有设置了"允许商品评论"，商品评论才能在前台显示。一般建议禁止游客评论。

图 4-44 "商品评论"页面

图 4-45 "选项设置"选项卡

⑨ "信息管理"子选项："信息管理"页面如图 4-46 所示，OpenCart 平台自带 4 篇文章，在网店中显示的位置如图 4-47 所示，除了在网店导航栏底部，还会显示在用户注册、商品退换、结账页面等位置。这些内容在"系统设置"下的"选项设置"选项卡中设置账户条款、结账条款、联盟条款、退换条款时也会涉及。除了系统自带的内容，卖家也可以单击右上角的"添加"按钮添加需要的内容，添加的内容会显示在网店导航栏的底部。

图 4-46 "信息管理"页面

（a）

（b）　　　　　　　　　　　　（c）

图 4-47 "信息管理"页面内容在网店中显示的位置

(d)

图 4-47　"信息管理"页面内容在网店中显示的位置（续）

（3）"插件管理"选项。如图 4-48 所示，此选项包含"插件安装""插件管理""OCMOD 配置""事件管理""定时任务"5 个子选项。

图 4-48　"插件管理"下的子选项

① "插件安装"子选项：OpenCart 安装完成后，本身系统会自带一些功能，为了后台操作更加便捷，可能需要安装一些功能插件，所有插件都必须以"××.ocmod.zip"的形式进行上传。这些插件一般都需要付费，每个插件在购买的时候会有相应的安装说明，可以参照插件作者给出的说明按步骤操作。有些插件需要 OpenCart 先安装 vQmod（Virtual Quick Mod）插件，这是 OpenCart 系统上一个可以以虚拟方式修改原文件内容的插件系统，这个插件可以在 OpenCart 官网上下载。如图 4-49 所示，单击"上传"按钮，选择需要安装的插

件文件，安装成功后，文件会显示在"安装历史"列表中，如果想要删除插件，则可以单击文件后边的"删除"按钮。

图 4-49　安装插件

②"插件管理"子选项："插件管理"页面如图 4-50 所示，显示的是 OpenCart v3.8 自带的各种插件，包括流量统计、验证码、汇率更新、控制面板、数据源、防欺诈、菜单编辑、功能模块、支付模块、报表统计、配送模块、费用计算。其中，费用计算中含有十几种可使用的扩展插件，如图 4-51 所示。如果想要使用其中某个扩展插件，可以单击扩展插件后方的"编辑"按钮，将状态由禁用改为启用；如果想要卸载这个扩展插件，可以单击扩展插件最后的"卸载"按钮。

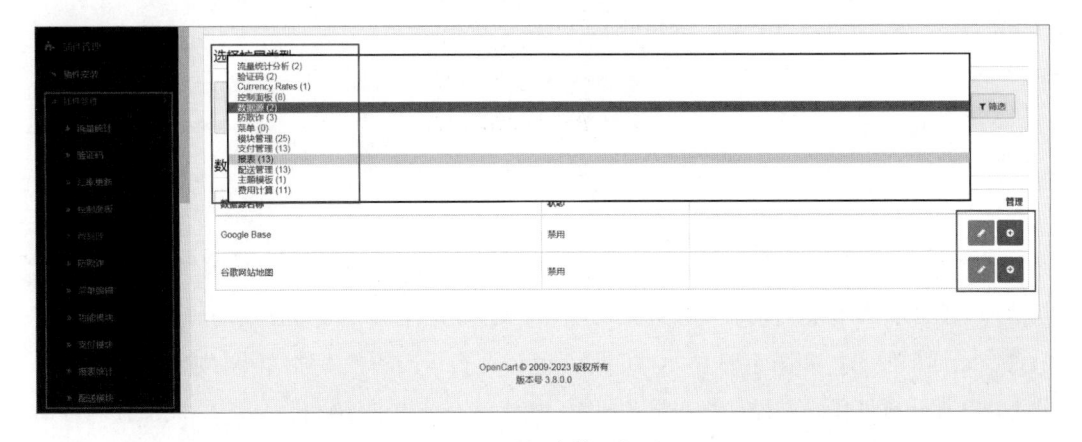

图 4-50　"插件管理"页面

图 4-51 "费用计算"包含的扩展插件

③"OCMOD 配置"子选项：卖家在此处的扩展配置列表可以看到由"插件安装"上传的扩展插件基本信息和日志，当启用/禁用或删除由"插件安装"上传的扩展插件时，需要在右上角单击"刷新"按钮刷新缓存，如图 4-52 所示。

图 4-52 扩展配置列表

④"事件管理"子选项："事件管理"子选项允许卖家在不修改原有系统代码的基础上，规定在某些特定操作执行时会触发特定的动作。例如，在客户下单或注册的时候，系统会向后台发送通知信息。如图 4-53 所示，OpenCart v3.8 自带的各种事件代码，都已经处于启用状态。这部分事件代码已经足够初学者使用，如果没有一定的编辑代码能力，此部分内容不要做任何更改。

图 4-53 事件代码

⑤ "定时任务"子选项：定时任务是针对服务器的一项功能，允许卖家设定代码让平台在特定的时间自动执行脚本，这也涉及代码的编写。"定时任务"页面如图 4-54 所示，任务列表下的"currency"是关于货币汇率每天更新的代码。

图 4-54 "定时任务"页面

(4)"页面设计"选项。这个选项的主要功能在于设置网店前台展示的内容及内容布局，它包括 5 个子选项："页面布局""主题编辑器""语言编辑器""横幅管理""SEO URL 管理"。

① "页面布局"子选项："页面布局"页面如图 4-55 所示，OpenCart v3.8 已经设置了一些页面的布局。单击右上角的"添加"按钮，可以创建新的页面布局。创建新的页面布局需要

设置布局名称、添加路由、在页面添加模块，具体如图4-56所示。其中，左侧列、右侧列等在网店前台显示的位置，即设计布局，如图4-57所示。在网站后台所管理的各个模块，均可以自由配置于左侧列、右侧列、内容顶部、内容底部，每个模块的排列顺序由添加模块时填写的顺序来决定。具体某个模块如何添加在页面中，可以参考前文"筛选器"模块的添加。

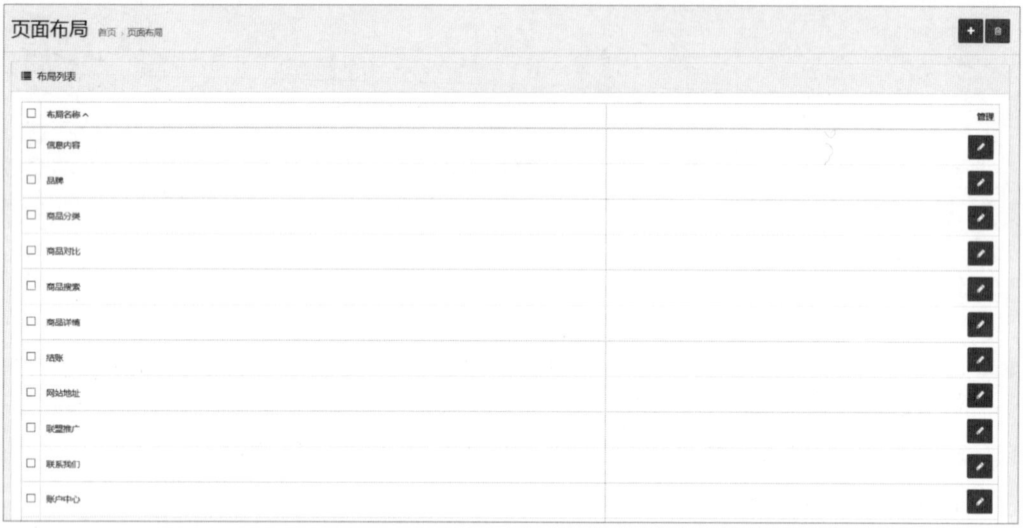

图 4-55 "页面布局"页面

图 4-56 创建新的页面布局

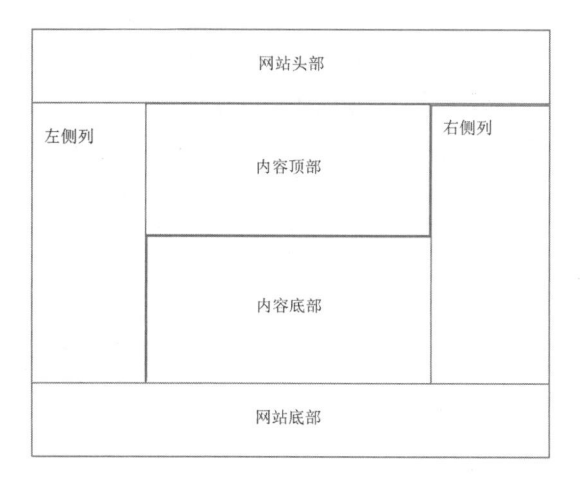

图 4-57 设计布局

②"主题编辑器"子选项:"主题编辑器"页面如图 4-58 所示,主题编辑器主要用于在默认的主题模板上进行代码编辑。在左侧列表框中选择要修改的模板,可在右侧出现的编辑器中进行编辑。

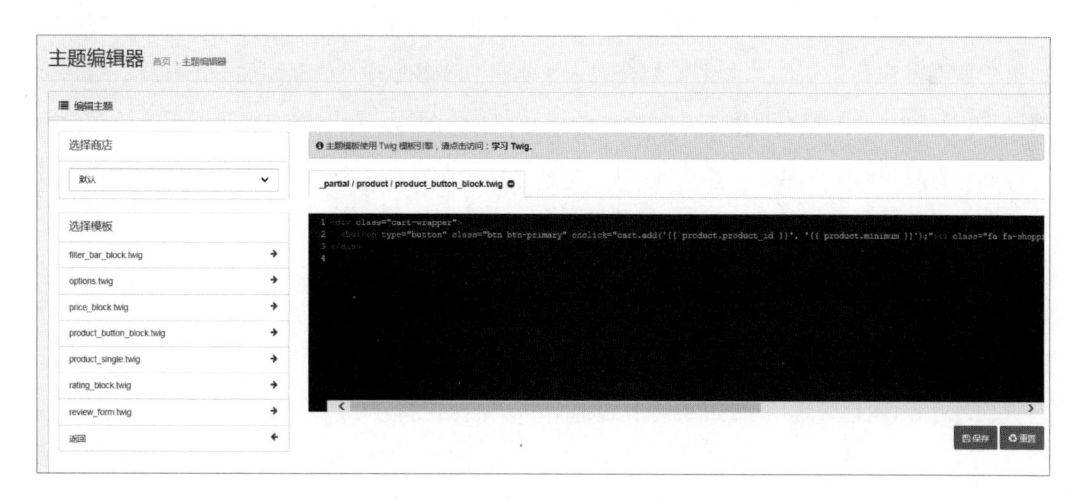

图 4-58 "主题编辑器"页面

③"语言编辑器"子选项:选择"语言编辑器"子选项,打开"翻译管理"页面,如图 4-59 所示,因为平台自带的已经有 9 种语言,一般来说,足够网店使用,因此此处不用进行设置。

图 4-59 "翻译管理"页面

④"横幅管理"子选项：用来管理网店中出现的各种非商品图片的广告图片，如网店首页 banner 图，或列表页可轮换展示的图片，横幅示例如图 4-60 所示。"横幅管理"页面如图 4-61 所示，平台已经添加了一些横幅，我们只需要将横幅内的图片、链接更换一下即可。如果想要在网店前台新创建一个横幅模块，先要在"横幅管理"页面添加一个横幅，填写横幅名称，设置为启用状态，添加 9 种语言的标题，上传图片，然后添加想要展示给访客的网址链接，设置排序，单击"保存"按钮，如图 4-62 所示。接着执行"插件管理"→"插件管理"→"功能模块"命令，选择"横幅模块"，单击"编辑"按钮，打开"编辑横幅模块"页面，如图 4-63 所示，填写模块名称，选择创建的横幅，设定宽、高，状态设置为启用，单击"保存"按钮，便创建了一个新的横幅模块。最后，执行"页面设计"→"页面布局"命令，将横幅模块放到想要放的位置上，便可将创建的横幅展示在网店前台。

⑤"SEO URL 管理"子选项："SEO 管理"页面如图 4-64 所示，包括平台自带的一些 SEO URL 列表，这些内容来自"商品分类""商品管理"等涉及"SEO URL"的部分，如图 4-65 所示。SEO URL 管理主要用于网店伪静态设置，便于网店优化。卖家单击右上角的"添加"按钮，在"请求地址"文本框中输入本地网址，"SEO 地址"文本框中输入有利于优化的网址后缀名称，再选择语言，单击"保存"按钮，便添加一个 SEO URL，如图 4-66 所示。

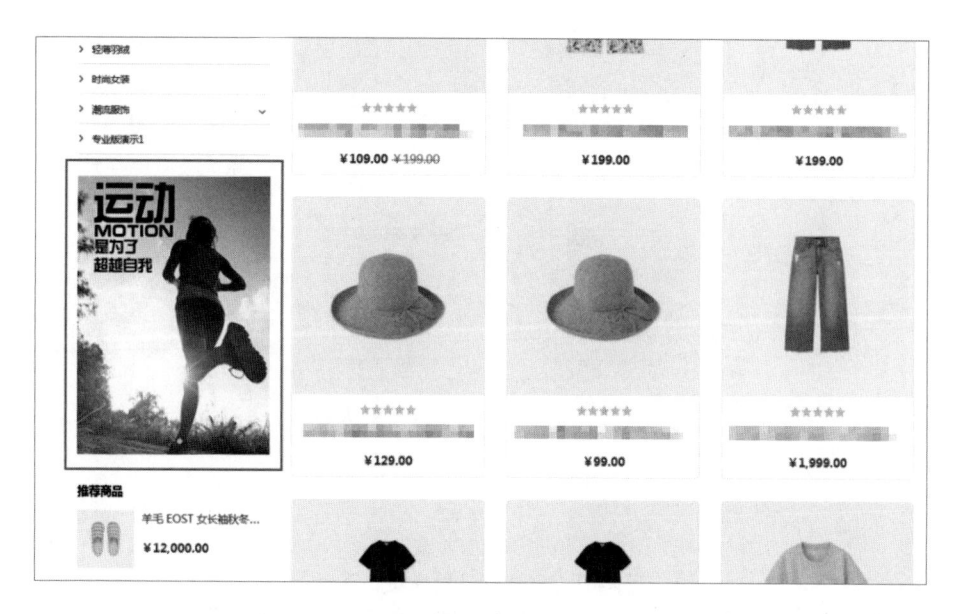

图 4-60 横幅示例

图 4-61 "横幅管理"页面

图 4-62 "添加横幅"页面

图 4-63 "编辑横幅模块"页面

对全站进行伪静态设置,需要服务器必须支持 Apache Rewrite Mod 功能。先将网站根目录下的.htaccess.txt 修改为.htaccess 文件。接着登录后台,执行"系统设置"→"网店设置"→"服务器设置"命令,把"高级 URL Rewrite's"项改选成"是"。添加商品或商品分类时,只要在"SEO URL"处填写内容,就会看到路径由"index.php?route=xx/xx"变成了"www.xxxx.com/填写的内容/"。

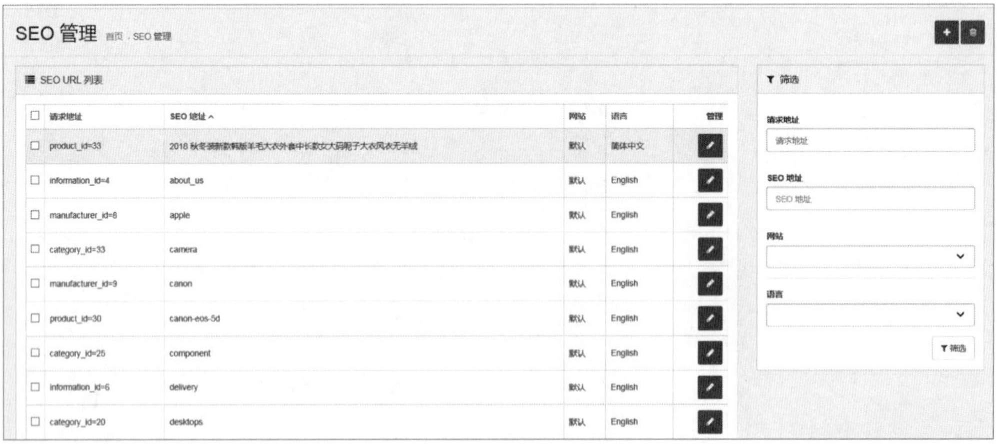

图 4-64 "SEO 管理"页面

图 4-65 "商品管理"中涉及 SEO URL 的部分

图 4-66 添加 SEO URL

（5）"订单销售"选项。这个选项主要处理有关订单的问题，包括有 3 个子选项："订单管理""商品退换""礼品券"。

① "订单管理"子选项："订单管理"页面如图 4-67 所示，卖家可以在此看到订单的基本情况，包括订单 ID、客户名称、状态、总计、生成日期、修改日期。单击"查看"按钮，

可以查看该订单的更详细的信息，并可以在订单详情页下端的"添加订单历史"处对订单状态进行修改，在"取消撤回、处理中、已付款、已发货、已取消、已处理、已失效、已失败、已完成、已拒绝、已撤销、已退款、待处理"状态中进行选择；可以打印发票、打印发货单，按钮位置如图 4-68 所示；单击"编辑"按钮，可以对客户明细进行编辑，如图 4-69 所示。

②"商品退换"子选项：选择"商品退换"子选项，打开"商品退货"页面，如图 4-70 所示，在此处可以看到退货 ID、订单 ID、客户、商品名称、商品型号、状态、添加日期（退货订单产生的时间）、修改日期，单击"编辑"按钮，可对退货信息进行编辑，其中最重要的操作是根据退货货物的实际状态对退货处理和退货状态进行编辑，便于及时追踪退货情况。

图 4-67 "订单管理"页面

图 4-68 打印发票、打印发货单按钮位置

图 4-69　编辑客户明细

图 4-70　"商品退货"页面

③"礼品券"子选项：客户购买礼品券用于馈赠亲朋或自己购物，礼品券可在购物结算时抵扣应支付的费用。礼品券在网店前台的位置如图 4-71 所示。如果想要客户在支付时可以使用礼品券，则卖家可以执行"插件管理"→"插件管理"→"费用计算"命令，启用"礼品券"模块。如图 4-72 所示，礼品券包含"礼品券""礼品券主题"两个三级选项。建立礼品券主题，只需要输入礼品券主题名称，并上传一张与主题相关的图片即可。

图 4-71　礼品券在网店前台的位置

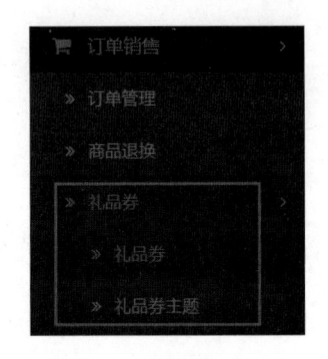

图 4-72　礼品券包含的内容

"礼品券"页面显示了已经销售出去的礼品券，如图 4-73 所示，卖家可以在此看到礼品券代码、发送者、收券人、金额、主题、状态、添加日期。单击"查看"按钮，可以查看详情。单击"编辑"按钮，可以对客户信息进行编辑。

图 4-73　"礼品券"页面

（6）"客户管理"选项。这个选项主要用于对客户进行分类管理。"客户管理"选项包括 4 个子选项："客户管理""客户群组""客户审核""自定义字段"，如图 4-74 所示。

图 4-74 "客户管理"选项下的子选项

①"客户管理"子选项:"客户"页面如图 4-75 所示,可以看到客户姓名、E-Mail、客户等级、状态、IP、添加日期,这些内容在客户注册填写资料后会自动显示,卖家也可以在后台手动添加。单击"编辑"按钮,可对客户信息进行修改,还可以为客户添加订单、余额、积分。

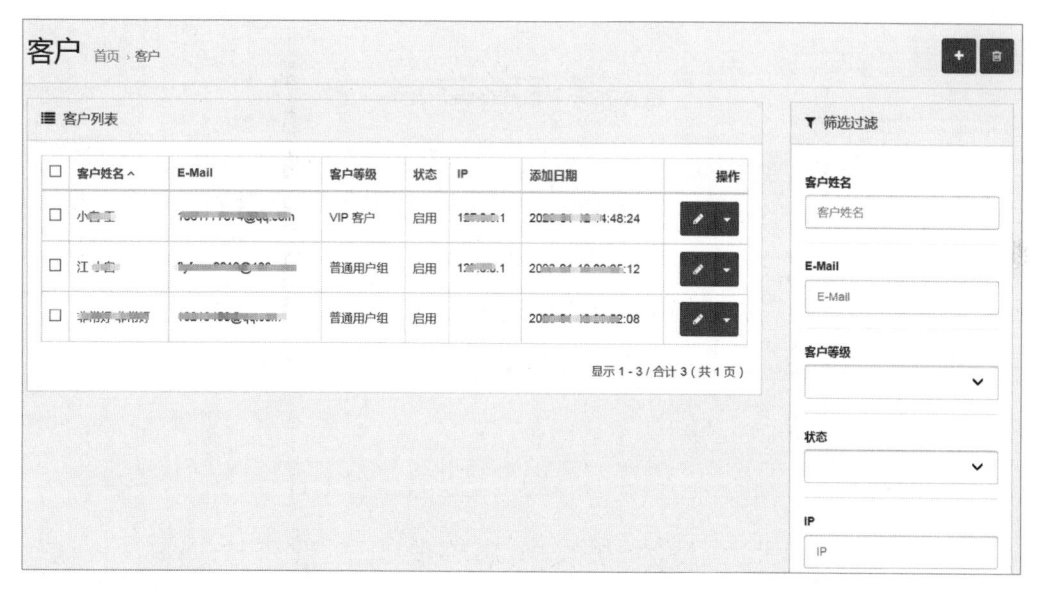

图 4-75 "客户"页面

②"客户群组"子选项:在此处可以添加客户类别,以便于分类管理客户。"客户群组"页面如图 4-76 所示,"普通用户组"后标有"(默认)",代表客户注册账号时,默认被归为"普通用户组",如果想要将默认项更改为其他客户群组,卖家可以执行"系统设置"→"网店设置"→"选项设置"→"账户"→"默认客户组"命令进行设置。添加客户群

组需要填写客户群组名称，对客户群组名称进行解释性描述，如图 4-77 所示。审核新客户建议选择"是"，以降低出现重复客户或欺诈性账户的可能性。"排序"文本框中填写的数字越小，此客户群组的排序越靠前，单击"保存"按钮，客户群组便添加成功了。

图 4-76 "客户群组"页面

图 4-77 添加客户群组

③"客户审核"子选项：如果"客户群组"中审核新客户选择的是"是"，那么所有新客户将会先出现在这里，审核之后才会出现在"客户管理"一栏。

④"自定义字段"子选项：对"客户管理"中出现的关于客户资料的选项、内容进行自定义。填入客户群组名称、描述，选择显示位置、展示形式（下拉、单选、多选、输入框、多行文本框等形式），选择想要哪些客户群组出现新的内容，设定状态为启用或禁用，进行排序，单击"保存"按钮，这时"客户管理"的"客户详情"页面中会出现一些新内容。如图 4-78 所示，便是增加"性别"选项的前后对比。

图 4-78 添加"性别"选项的前后对比

（7）"营销推广"选项。如图 4-79 所示，"营销推广"选项包含有 4 个子选项："推广会员""营销推广""优惠券""邮件群发"。

图 4-79 "营销推广"选项

"推广会员"子选项：显示的是注册联盟会员的客户。客户可以在注册联盟会员后，在

"推广追踪"一栏中,复制带有跟踪代码的商品链接推广商品,当有其他客户通过链接购买商品后,联盟会员便可以获得佣金。使用"联盟会员"这个功能,卖家需要先执行"系统设置"→"网店设置"→"选项设置"→"联盟会员"命令,对联盟会员的一些内容进行设置,如图4-80所示。有客户注册联盟会员时,"推广会员列表"便会显示客户的会员资料,如图4-81所示,单击"编辑"按钮,可以查看会员的详细信息,对会员的佣金比例、状态等进行修改。

图4-80 设置联盟会员

图4-81 "推广会员列表"显示客户的会员资料

② "营销推广"子选项:用于记录各项活动的跟踪代码。添加市场营销活动时,跟踪代

码可以使用平台自动生成的代码，也可以手动添加、修改，如图 4-82 所示。卖家可以将由有跟踪代码的链接创建的推广广告放到自己的网店上，也可以将其放到第三方网站上。如果放到自己的网店上，需要执行"插件管理"→"插件管理"→"功能模块"命令，使用"HTML 内容"编辑代码，将有跟踪代码的链接链接到要推广的图片上，保存好新创建的模块后再将其在"页面布局"中进行布局，以便让其显示在网店前台，从而让客户看到并通过这个模板购买商品。

图 4-82　添加市场营销活动

③"优惠券"子选项：优惠券是一种常见的推广工具，结账时使用优惠券可以直接降低商品价格，如图 4-83 所示。"优惠券设置"页面如图 4-84 所示，可以看到优惠券名称、编码、折扣、开始日期、结束日期、状态。单击右上角的"添加"按钮可以添加新的优惠券，如图 4-85 所示，填写优惠券名称、代码、类型（百分比或固定折扣）、总金额（在订单没有达到此金额前不能使用优惠券）、选择可以使用优惠券的商品，设定有效日期等内容，单击"保存"按钮，便完成添加。

图 4-83　使用优惠券抵扣费用

图 4-84　"优惠券设置"页面

图 4-85　添加优惠券

④ "邮件群发"子选项:"邮件群发"页面如图 4-86 所示,可以给所有客户、某一类客户、某一个客户发送邮件,进行推广营销。使用这个功能之前,需要先执行"系统设置"→"网店设置"→"邮件协议"命令对邮件协议进行设置,如图 4-87 所示。

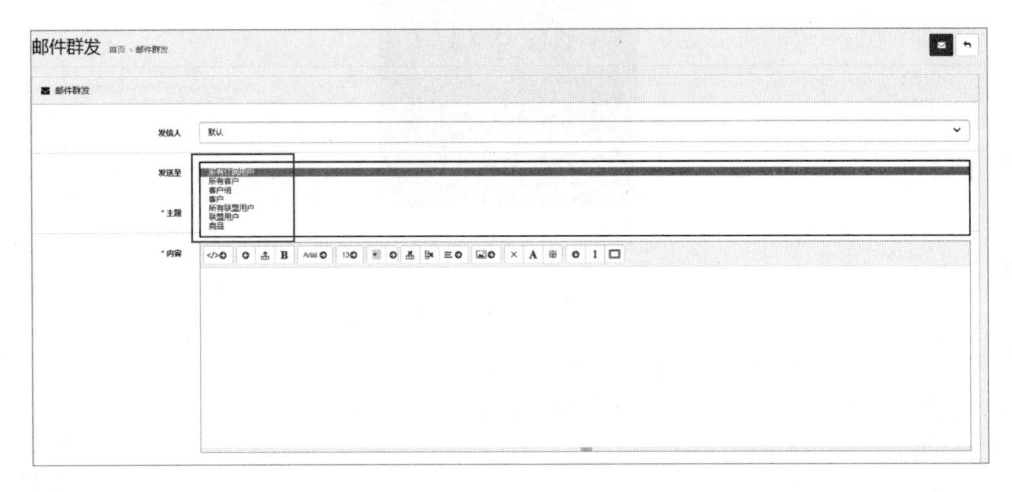

图 4-86 "邮件群发"页面

图 4-87 设置邮件协议

（8）"系统设置"选项。"系统设置"选项如图4-88所示，包括4个子选项："网店设置""后台用户管理""参数设置""网站维护"。

图4-88　"系统设置"选项下的子选项

①"网店设置"子选项：主要对网店进行一些设置。商店列表如图4-89所示，单击"编辑"按钮，进入如图4-90所示页面，可以对商店基本信息，以及邮件协议等进行设置。大部分设置已经在前文讲解过，这里不再赘述。

图4-89　商店列表

图4-90　"编辑系统设置"页面

②"后台用户管理"子选项：用于对登录后台的不同人员设置不同的权限。其包含 3 项内容：后台用户管理、后台用户组、API。需要先在后台添加不同的用户组，并根据角色勾选不同的查看权限、修改权限，如图 4-91 所示。然后在"添加用户"页面的此用户组下添加用户名、姓名、姓氏、邮箱、密码等，如图 4-92 所示，添加成功后，便可使用用户名和密码登录网店后台，在拥有的权限内对后台内容进行操作。API，即 Application Programming Interface，中文意为应用程序接口，"添加 API"页面如图 4-93 所示，涉及这一部分内容的操作需要有较强的编程能力，这里不展开详解。

③"参数设置"子选项：这一子选项下有 14 个三级选项，包括"店铺地址""语言设置""货币设置""库存状态""订单状态""商品退换""国际电话区号""国家设置""省份设置""城市/区县设置""区域群组""商品税种""长度单位""重量单位"。

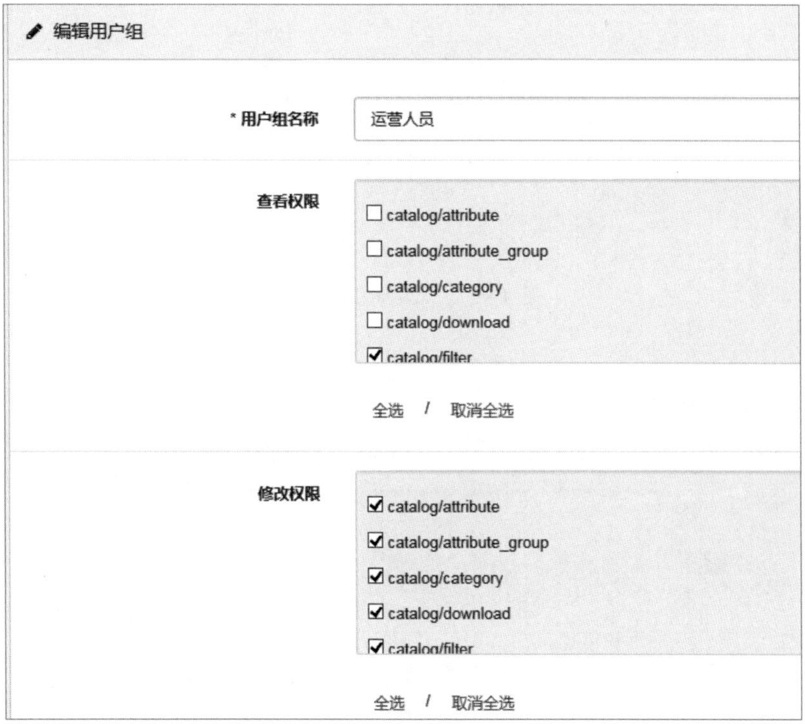

图 4-91 添加用户组

图 4-92 "添加用户"页面

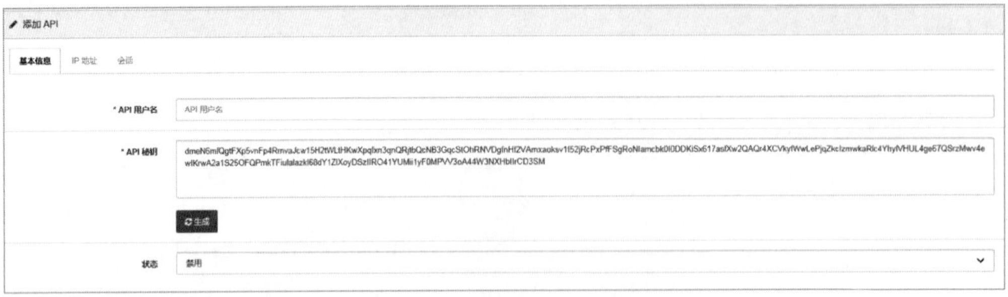

图 4-93 "添加 API"页面

"店铺地址"三级选项:如果有实体店,可以填写这一项,方便客户去线下购买。"添加商店地址"页面如图 4-94 所示,填写完成后,店铺名称和地址会出现在后台"网店设置"最后一行,勾选复选框之后,店铺名称和地址出现的位置如图 4-95 所示。

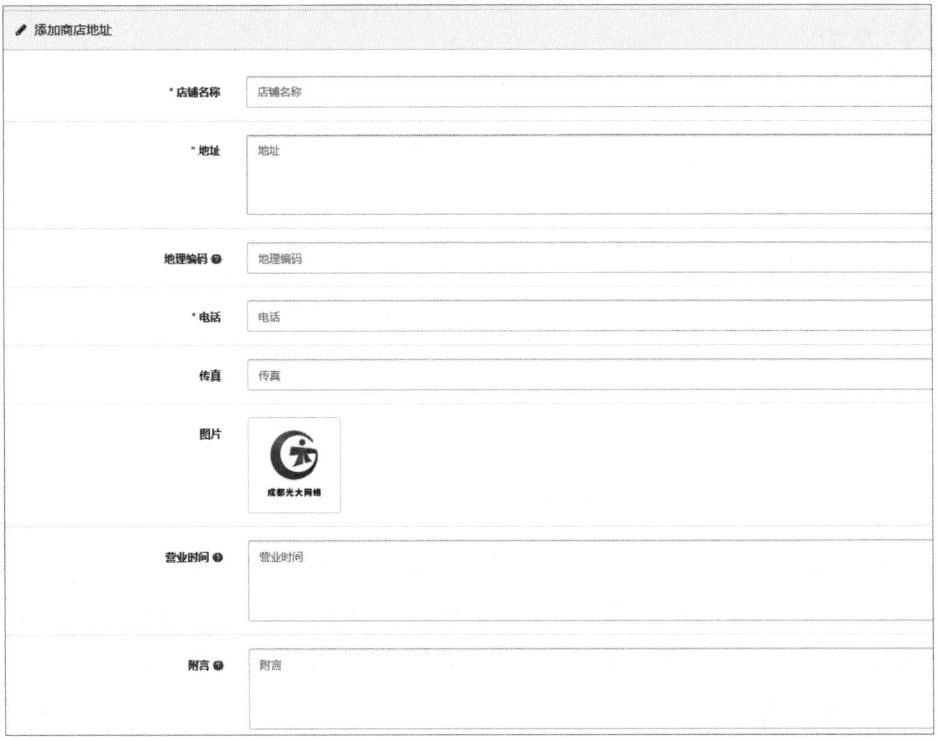

图 4-94 "添加商店地址"页面

（a） （b）

图 4-95 店铺名称和地址出现的位置

"语言设置"三级选项："语言设置"页面如图 4-96 所示，可以删除语言、调整前台出现顺序、启用或禁用状态。如果想要设置某种语言为前台默认语言，需要执行"系统设置"→"网店设置"→"本地化设置"命令对"前台语言"进行修改。

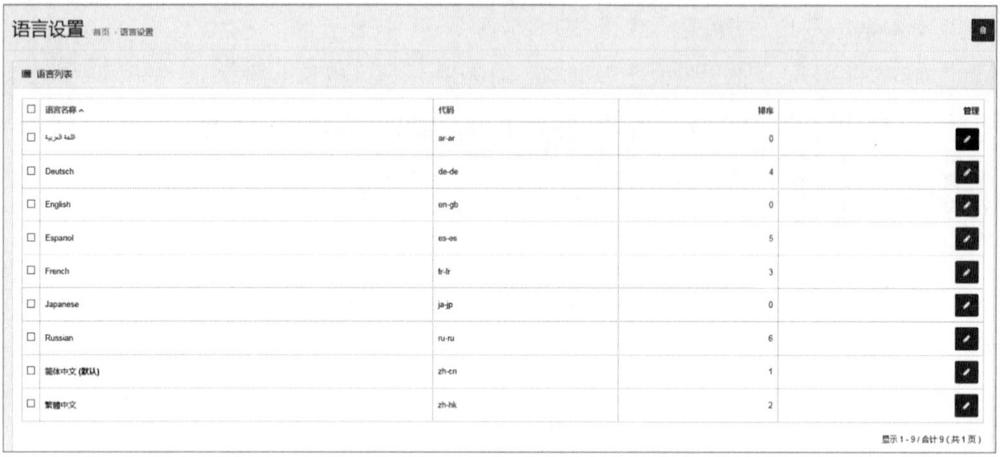

图 4-96 "语言设置"页面

"货币设置"三级选项:"货币设置"页面如图 4-97 所示,单击右上角按钮,可以更新汇率、添加货币、删除货币。如果想要设置某种货币为默认货币,需要执行"系统设置"→"网店设置"→"本地化设置"命令对"货币设置"进行修改,还需要清除浏览器缓存并重置现有的 cookie。

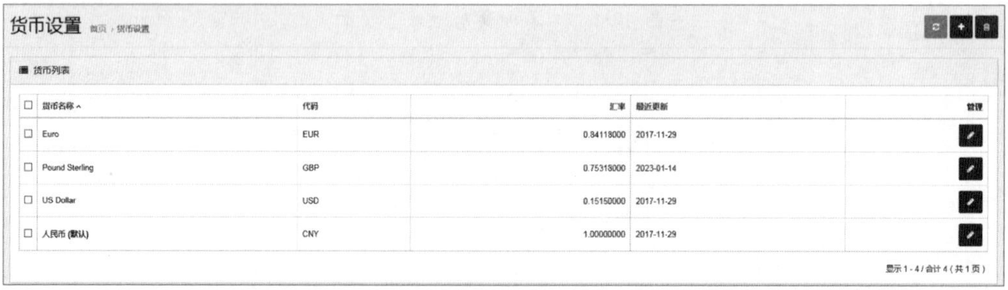

图 4-97 "货币设置"页面

"库存状态""订单状态""商品退换"3 个三级选项的内容已经设置完毕,内容非常完善,不用修改,可以直接使用。

"国际电话区号""国家设置""省份设置""城市/区县设置"的内容会出现在客户需要填写的收货地址中,如图 4-98 所示。

"区域群组"三级选项:"区域群组"页面如图 4-99 所示,区域群组的设置与运费、商品税率有关系。关于运费，需要执行"插件管理"→"插件管理"→"配送模块"命令进行设置，如果采用的是"按重量配送"，如图 4-100 所示，区域和重量不同，费用不一样。如果是从国内销售商品到国外，涉及不到国外税收，则不用设置商品税率。

图 4-98　客户需要填写的收货地址

图 4-99　"区域群组"页面

图 4-100　按重量配送

"商品税种"三级选项：分为税率类别和商品税率。"税率类别"部分所填写的内容影响"商品税别"，如图 4-101 所示，可以根据实际情况进行设置。"税率"页面如图 4-102 所示，不同地区、不同商品有不同的税费，可以根据当地实际情况进行设置。国内商品销往国外时，此部分内容不用设置。

（a）

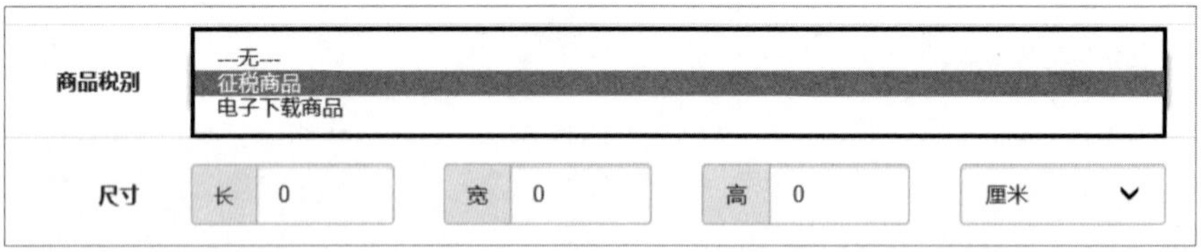

（b）

图 4-101　税率类别影响商品税别

图 4-102　"税率"页面

"长度单位""重量单位"三级选项，可以根据所销售区域商品常用的单位进行设置，如图 4-103 所示。

图 4-103　设置尺寸和重量

④ "网站维护"子选项：包含 4 个三级选项，分别是"程序升级""备份&恢复""上传文件""错误日志"。"升级"页面如图 4-104 所示，程序升级之前，要先在"备份/恢复"页面做好现有文件和数据库的备份，以避免升级出现问题时既不能使用新版、旧版也出现问题的尴尬局面。在进行升级前，必须检查所有正在使用的插件是否与最新版本兼容。升级完成后，前往管理者页面并按 Ctrl+F5 及 Ctrl+Shift+R 数次，以确保网站没有被缓存影响。目前，平台没有很好的自动升级方案，需要人工操作辅助，这就要求操作人员有一定的编程、数据库等方面的知识。在"备份&恢复"页面可以进行备份资料的上传或下载，如图 4-105 所示。

图 4-104　"升级"页面

图 4-105 "备份&恢复"页面

（9）"统计报表"选项。这个选项主要是从各个角度展示网店数据，包括"统计报表""在线用户""数据统计"3 个子选项。"报表"页面如图 4-106 所示，卖家可以查看交易报表、用户活动报表、奖励积分报表等内容，此处显示的报表是在"插件管理"→"插件管理"→"报表统计"中设定为启用状态的报表。"在线客户报表"页面如图 4-107 所示，卖家可以看到实时在线的 IP、客户、最后访问页面、来源、最后访问等内容，单击后边的"编辑"按钮，还可以查看访客的基本信息。"数据统计"页面如图 4-108 所示，显示的是不同状态的订单的金额/数量，如订单销售金额等，可以单击后方的"刷新"按钮刷新数据。

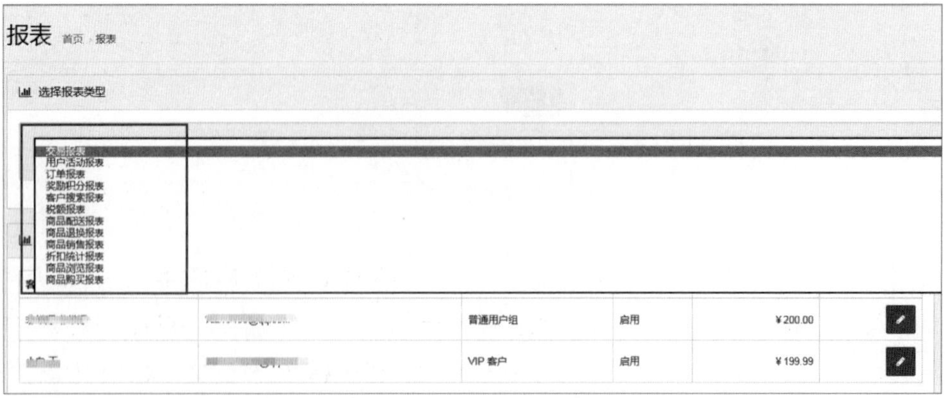

图 4-106 "报表"页面

图 4-107 "在线客户报表"页面

图 4-108 "数据统计"页面

4.3 做好独立站的关键点

前文简单介绍了 3 个平台的后台功能，可以看出，基本功能模块大致一样，因此做独立站使用哪个平台并不十分重要，重要的是如何选品、如何运营、如何向精细化运营和品牌化方向发展。

独立站要成功，需要满足 4 个核心需求点：一是满足用户，产品为王；二是快速应变；三是营销主导，触达用户；四是极致的用户体验，覆盖消费者的消费全过程。

1. 注重产品与供应链

卖家先要确定有竞争力的产品，要学会快速应变，紧跟市场趋势，以出色的产品俘获消费者。卖家可以自己生产，也可以定制并找供应商批量生产，确保产品能持续供应，以防止产品成为爆款后缺货，另外还要控制库存周转率。

2．注重宣传素材

好的宣传素材在营销中可以起到事半功倍的效果，产品首次展现在网店访客眼前的样式对转化率至关重要。宣传素材包括广告宣传素材、产品图片、网站 Banner、详情描述、视频素材等。

3．不断完善、优化推广营销策略

我们知道，独立站最大的缺点是在刚建成时，网站内容被搜索引擎收录的时间较短，关键词排名比较靠后，几乎没有访客会到达，因此需要卖家制定推广方案，采用付费或免费的广告吸引客户。卖家可以通过 Facebook 广告、Google 广告（Google Ads）、邮件营销、视频营销等进行推广。

4．注重团队建设

在独立站建站及推广过程中会涉及图像设计、文案编辑、广告投放、客户邮件回复、售后等方面。如果销售的产品较少，这些事情可以一个人做；如果销售的产品较多，就需要组建团队，由专业的人员来处理。

5．精准把握目标受众

确定销售的产品后要根据产品的特性锁定目标市场，也就是要推广的区域与人群。只有选对区域和人群，才能以更少的费用获得更多的销售额。例如，如果销售的是高尔夫的相关产品，就需要在美国、日本、韩国、英国这些高尔夫运动盛行的发达国家进行宣传与推广。

6．不断提升用户体验

用户体验也是至关重要的一点，包括客户访问网店时的感官体验、购买产品时的支付体验、收到货之后的使用体验、使用出现问题后的售后体验等。好的用户体验会吸引客户不断复购产品，并愿意向身边的朋友推荐。

本章习题

一、选择题

1. 单选题

（1）为了后台操作更加便捷，OpenCart 可能需要安装一些功能插件，所有插件都必须以（　　）的形式进行上传。

A．zip　　　　　　　　　B．××.ocmod.zip

C．aps　　　　　　　　　D．vQmod

（2）以下（　　）模块可以设置佣金比例。

A．优惠券　　　　　　　B．联盟会员

C．客户管理　　　　　　D．订单销售

2. 多选题

（1）目前 OpenCart v3.8 国际版支持（　　）语言。

A．英语、日语

B．阿拉伯语、法语

C．德语、西班牙语、俄语

D．简体中文、繁体中文

（2）"插件管理"中包括的插件有（　　）。

A．流量统计、验证码、汇率更新

B．控制面板、数据源、防欺诈、菜单编辑

C．功能模块、支付模块、报表统计

D．以上皆有

二、问答题

如果想要在网店前台显示衣服的颜色选项（红、黄、粉）、尺码选项（70～90 斤、91～105 斤、106～120 斤、121～135 斤），需要怎么设置？

第 5 章

独立站 SEO

5.1 什么是 SEO

5.1.1 SEO 的含义

人们通过搜索引擎在网络上寻找他们想要找到的各种信息，无论是购买产品、寻找餐厅还是预订酒店，搜索引擎都会提供相应的结果。对于网站来说，搜索引擎提供了宝贵的资源，可以将相关流量有针对性地引导到网站上，因此搜索引擎的自然流量对于网站来说至关重要。

SEO 是让卖家网站通过搜索引擎获得自然流量的技术，换句话说，SEO 可以帮助网站更频繁地出现在相关搜索结果中。SEO 是指通过掌握搜索引擎关键词排名的机制，对网站进行内部和外部的优化以符合搜索引擎的规则，从而使网站获得更多的自然流量，达到营销和品牌建设的目的。

SEO 不仅要求网站的运营和技术人员有配置网站的技术，还要对网站的受众有较深刻的了解。

由于跨境独立站的目标受众是国外用户，而 Google 在全球所有搜索引擎中的使用占比在 90%左右，如图 5-1 所示（2022 年 9 月来源于 Statcounter 的数据），所以后面所介绍的 SEO 方法都是针对 Google 的规则进行的，当然同样的 SEO 方法也广泛适用于其他的搜索引擎，通常也能提高网站在其他搜索引擎中的排名。

图 5-2 是通过 Google 搜索关键词 "buy wedding dress online" 的结果，上面框里的部分是 Google Ads 的展示位置，在搜索结果的网址前面会有粗体的 "Ad" 标志，这部分不是自然搜索结果，而是 Google Ads 的专属位置，通常这些位置需要卖家付费加入 Google Ads 体系并且竞价才能获得。由于竞争者多并且位置稀缺，要获得这些位置需要付出高昂的广告费。下面框里的部分就是 Google 的自然搜索结果，它们带来的流量都是免费的。通过图 5-2，我们就可以理解 SEO 的概念了，那就是通过技术手段优化网站，使相应的关键词取得更好的自然排名，从而获得更多优质的自然流量。

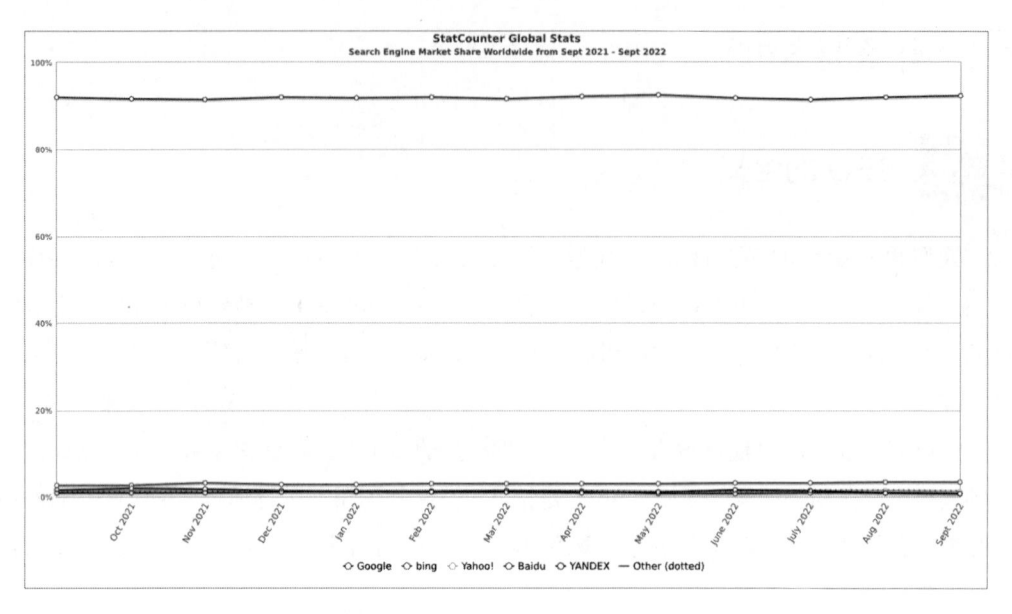

图 5-1　全球搜索引擎使用占比

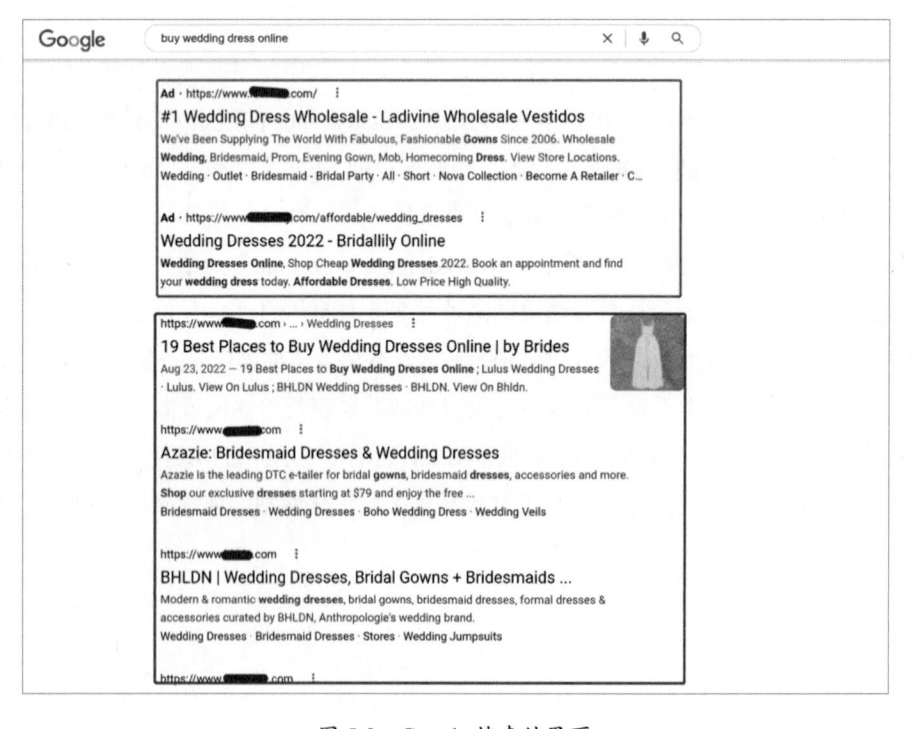

图 5-2　Google 搜索结果页

5.1.2 独立站为什么一定要做 SEO

无论卖家提供什么业务，目标受众都可能在 Google 等搜索引擎上搜索相关的产品和服务，下面介绍独立站一定要做 SEO 的几大原因。

1. 帮助卖家建立品牌形象

虽然品牌建设通常被认为是一种传统的营销策略，而 SEO 则属于数字营销的范畴，但两者在很多方面是相通的。卖家需要创建符合用户需求和用户感兴趣的内容，然后想办法从其他网站获得指向该内容的链接。所以，制定 SEO 策略时，需要选择与品牌形象一致的内容，因为它能帮助卖家在目标受众中建立起品牌形象。

2. 使网站能获得更多流量

从表面上看，SEO 的目标是提高网站在搜索结果中的排名。获得高排名的目的是吸引更多流量，而这些流量将直接转化为客户和潜在客户。

这里我们以某网站的流量分析为例，如图 5-3 所示，网站有 47.83% 的流量来源于搜索，这部分流量中有 84.27% 来源于自然搜索，可见搜索引擎为这个独立站带来了巨大流量。占比 32.19% 的流量来源于直接访问，通常直接访问的多为老客户或加入浏览器收藏的用户，而这部分访客在成为直接访客前，大多数也是通过搜索引擎访问到该网站的。对于一个新建立不久的网站来说，搜索引擎的自然流量占比会较高。所以，如果卖家希望网站有更多客户，SEO 是实现这一目标的最佳方式。

3. SEO 不需要为广告空间付费

SEO 的优势之一就是它不需要付费。传统的广告，无论是在电视频道上，还是在杂志、报纸的页面上，都需要向媒体公司付费以进行展示。一旦广告期限结束，广告就会停止展示。当然搜索引擎也提供付费广告的服务，如图 5-4 所示，前两个搜索结果是按点击付费的广告，用 "Ad" 标签表示，即仅在用户点击广告并访问网站时才需要向 Google 付费，这无疑使其比传统广告更具优势。尽管如此，要想取得这些位置，卖家必须持续付费，一旦停止付费，卖家网站的广告自然就不会出现了。在 Google 广告位的下方，就是出现在自然搜索结果中的网站，它们并没有为这些排名支付一分钱。这就是 SEO 带来的好处，让卖家不花一分钱也能出现在搜索结果比较靠前的位置。

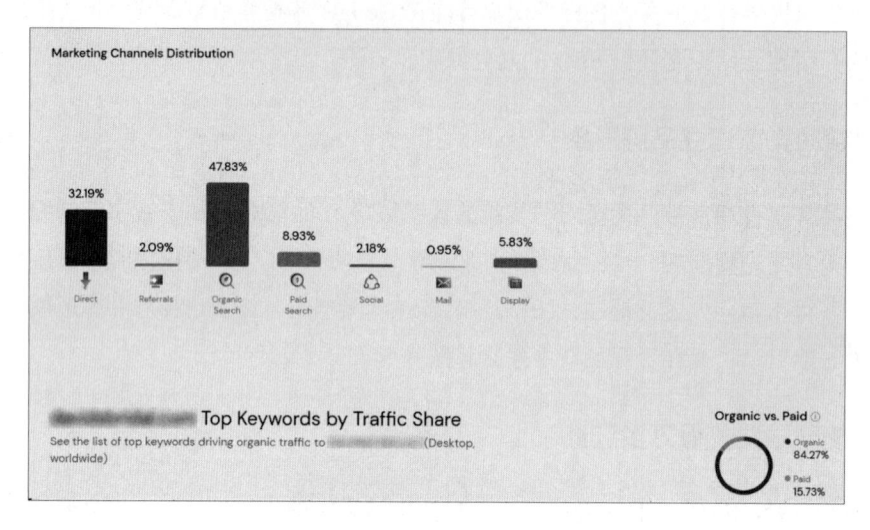

图 5-3　某网站的流量分析

图 5-4　Google 付费广告和自然搜索结果

4．搜索流量质量高

有些网站推广的方法是直接把网站广告推到非产品受众面前，但用户本身并没有访问网站的意图。而搜索引擎带来的用户本身就在寻找相关的产品和服务，所以受众非常精准，转化率也很高。

5．帮助卖家领先于竞争对手

当网站进行 SEO 后，不仅会提高它在搜索引擎中的排名，同时也可能使卖家全面地超越竞争对手。随着排名的上升，网站将获得更多点击，而竞争对手相应地就获得更少的关注。

6．改善了用户体验

Google 的最终目标是为其用户提供尽可能好的搜索结果。因此，其许多算法更新都专注于确保将用户引导到具有相关内容和提供优秀用户体验的网站上去。这也是今天网站的移动友好性、可用性和网站速度等技术因素在排名中的作用比以往任何时候都重要的原因。这就意味着卖家需要不断地优化和改进网站以改善用户体验。从长远来看，这对于网站的销售会产生更积极的影响。

7．SEO 的成果容易度量

SEO 的最大优势之一，是可以用数据衡量优化结果的方方面面。卖家可以使用 Google Analytics 等工具来监控流量、推荐来源、转化及其他对网站业务产生影响的指标。通过这种方式，可以准确分析和评估各种数据，确保将营销预算分配给对目标影响最大的策略。

5.2 Google 搜索的工作方式

Google 有一种叫作 Googlebot 的爬虫工具，它可以在网络上自动发现新的网页，把这些网页添加到 Google 索引中去。大多数 Google 收录的网页都是经过 Googlebot 爬取的，而非人工提交的。Google 搜索的工作流程包括抓取、索引和搜索结果呈现 3 个步骤。

（1）抓取：Google 使用 Googlebot 从网络中发现各类网页，并将文本、图片、视频等资源进行实时缓存，存储在其服务器上。

（2）索引：Google 通过分析网页上的文本、图片和视频等文件，将其存储在大型数据库中，构建一个索引框架，使搜索结果更加准确。

（3）搜索结果呈现：当用户在 Google 上进行搜索时，搜索结果将按相关性展示在网页上，使用户可以看到。

5.2.1 抓取和索引

Googlebot 会持续搜索并抓取新网页和更新的网页，然后将它们添加到已知网页列表中。Googlebot 不仅会通过追踪已知网页上的链接发现其他网页，还会扫描以列表形式（站点地图）提交的一系列网页，并根据算法确定要抓取的网站、抓取频率及要从每个网站抓取的网页数量。

1. 使用 robots.txt 文件告诉 Googlebot 怎么样抓取网站

Googlebot 访问网站的时候会先查看网站根目录下有没有 robots.txt 文件，如果没有该文件，则表明网站默认允许 Googlebot 抓取网站的所有内容。卖家可以使用任意文本编辑器创建 robots.txt 文件。

关于 robots.txt 文件的使用，有以下规则需要注意。

（1）文件必须命名为 robots.txt。

（2）网站只能有 1 个 robots.txt 文件。

（3）robots.txt 文件必须位于网站的根目录下。例如，若要控制 Googlebot 对 https://www.×××.com/ 下所有内容的抓取，应放置文件为 https://www.×××.com/robots.txt，一定不能将其放在子目录中（https://www.×××.com/pages/robots.txt）。

（4）常用的 robots.txt 规则如表 5-1 所示。

表 5-1　常用的 robots.txt 规则

禁止抓取整个网站	User-agent: × Disallow: /

续表

禁止抓取某一目录及其内容	在目录名后添加一道正斜杠（/），禁止抓取整个目录 User-agent: × Disallow: /secret/ Disallow: /login/user/data/
仅允许某一抓取工具访问网站内容	只允许 Googlebot-news 抓取整个网站，禁止其他抓取工具 User-agent:Googlebot-news Allow: / User-agent: × Disallow: /
禁止抓取某一网页	禁止抓取位于 https://×××.com/junk_file.html 的 junk_file.html 页面和 other 目录中的 other_secret_file.html 页面 User-agent: × Disallow: /junk_file.html Disallow: /other/other_secret_file.html
禁止抓取除子目录以外的整个网站	抓取工具只能访问 public 子目录 User-agent: × Disallow: / Allow: /public/

若想阻止搜索引擎将网站中的某个网页编入索引，也可以将元标签 noindex 放入该网页的 \<head\>部分中：\<meta name="robots" content="noindex"\>。

2．使用 Google 可以识别的元标签

Google 既支持网页级元标签又支持内嵌指令，可以根据这些标签和指令判断如何在 Google 搜索结果中显示网站的网页。在网页上添加元标签是网站所有者向搜索引擎提供网站相关信息的最佳方法。元标签应添加到 HTML 网页的 \<head\>与\</head\>之间，通常如下所示：

```
<!DOCTYPE html>
<html>
  <head>
    <meta charset="utf-8">
    <meta name="description" content="Buy discount wedding dresses online,Price $100-$150,Mermaid style wedding dresses">
    <meta name="google-site-verification" content="nxGUDJ4Qpxdsdf123212">
    <title>Discount wedding dresses for Sale</title>
  </head>
</html>
```

3. 提交站点地图——更快让 Googlebot 抓取网站并编入索引的方法

（1）支持格式。Google 支持多种站点地图格式：XML、RSS、mRSS、Atom 1.0 和文本格式。无论采用哪种格式，单个站点地图的文件大小一律不得超过 50MB，并且其中包含的网址数量不得超过 50 000 个，否则必须将站点地图拆分成多个较小的站点地图。对于独立站来说，XML 是最常用的站点地图格式。

下方是一个非常基本的 XML 站点地图：

```
<?xml version="1.0" encoding="UTF-8"?>
<urlset xmlns="http://www.sitemaps.org/schemas/sitemap/0.9">
    <url>
        <loc>http://www.×××.com/</loc>
        <lastmod>2005-01-01</lastmod>
        <changefreq>monthly</changefreq>
        <priority>0.8</priority>
    </url>
</urlset>
```

\<urlset\>标签是必需的，声明文件使用 Sitemap 的协议标准。

\<url\>标签是必需的，它是下面所有网址的父级标签。

\<loc\>标签是必需的，这里列出要被索引页面的网址。

\<lastmod\>是可选的，是指页面最后一次更新的时间。

\<changefreq\>是可选的，意在告诉 Googlebot 页面更改的频率。

Always 一直变动，意指每次访问页面内容都不同。

Hourly，每小时。

Daily，每天。

Weekly，每周。

Monthly，每月。

Yearly，每年。

Never，从不改变。

\<priority\>是指此网页相对于网站上其他网页的优先级。有效值范围从 0.0 到 1.0，网页的默认优先级为 0.5，我们可以通过这个数值告诉搜索引擎这个 URL 的优先级，通常首页最高，一般我们设置为 1.0，分类网页 0.9，其他更深层的网页依次降低。

（2）将站点地图提交给 Google。Googlebot 并非每次抓取网站时都会查看站点地图，它只有在首次发现站点地图时查看，之后仅在 Ping 功能通知它站点地图有变更时查看。如果站点地图无任何变更，请勿多次向 Google 提交站点地图。

可通过以下几种不同方法将站点地图提交给 Google。

① 可以使用 Google Search Console（站长工具）提交站点地图。

② 使用 Ping 命令提交站点地图。在浏览器或命令行中向此地址发送 GET 请求，并指定站点地图的完整网址，确保站点地图可供访问。

示例：https://www.google.com/ping?sitemap=https://www.×××.com/sitemap.xml。

③ 在 robots.txt 文件中加入站点地图文件。将下面的命令加入文件中，Google 会在下次抓取 robots.txt 文件时找到该站点地图：Sitemap: https://www.×××.com/my_sitemap.xml。

5.2.2 搜索结果中的标题和描述内容

1. 搜索结果中的标题

标题链接是 Google 搜索结果中链接到相应网页的标题。它是由网页源代码里的标题标签中的内容决定的。

图 5-5 框中的内容就是 Google 搜索结果中的标题，标题非常重要，它可以让用户快速了解某条搜索结果的内容，是用户在决定点击哪个搜索结果时参考的主要信息，所以为网页提供高品质的标题非常重要。

图 5-5　Google 搜索结果中的标题

在写网站标题时需注意以下情况。

（1）每个页面都应该有一个独特且引人注目的标题，以吸引用户的关注并鼓励他们继续浏览。

（2）标题应使用简短、描述性的文字，过长的文字在搜索结果中只显示一部分。

（3）避免使用关键词堆砌。请尽量使用不同的字词或短语，避免重复使用相同的词汇，如"wedding dress, wedding dresses, weddingdresses"等，这可能会让 Google 认为网页的内容是垃圾信息，从而将其从搜索结果中剔除。

（4）在标题中充分利用品牌名称，以便更有力地传达品牌信息。在网站首页的标题中，可以充分利用品牌名称，如<title>Example Brand: Bridal Dresses and Bridesmaid Dresses for Sale</title>，可以将品牌名称放在标题的开头或末尾，并使用连字符、冒号或竖线等分隔符将它与其他文字分隔。

2. 搜索结果中的描述内容

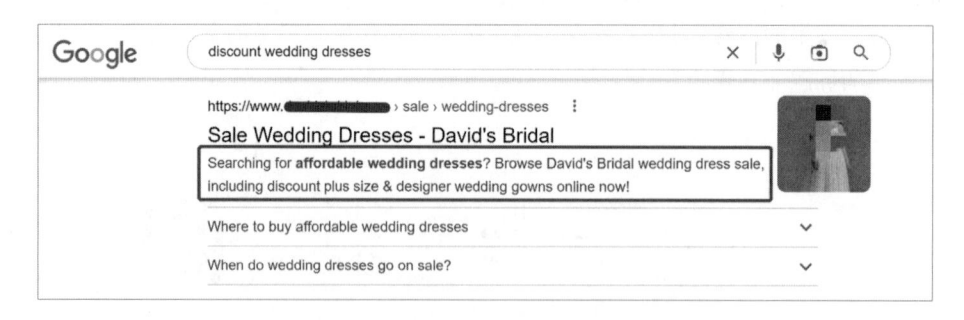

图 5-6 框中的内容就是 Google 搜索结果中的描述内容。卖家可以采取以下两种方式来确定 Google 搜索结果中的描述内容包含哪些内容。

（1）使用结构化数据：通过为网站增加结构化数据，使 Google 可以更准确地了解网页的内容，包括附加链接、搜索框和评价等。

（2）定义描述标签：Google 会使用描述标签中的内容作为搜索结果的描述内容，因为 Google 认为，从描述标签里抓取的内容能更准确地描述该网页的内容。

图 5-6　Google 搜索结果中的描述内容

以下列举了一些优质和劣质的描述内容进行比较。

×劣质的描述内容（关键词的罗列）：

```
<meta name="description" content="Wedding Dresses, Bridals Dresses, Bridesmaid Dresses, Formal Dress, Evening Dresses, Cocktail Dresses">
```

√优质的描述内容（描述性地说明商品信息和特点，包括具有吸引消费者点击的元素）：

<meta name="description" content="Wedding dresses under $100! Get the perfect dress for all of your bridal events at an affordable price!">

×劣质的描述内容（描述内容太短）：

<meta name="description" content="Wedding Dresses">

√优质的描述内容（具体且详细）：

<meta name="description" content="Buy wedding dresses under $200.We provide different style bridesmaid dresses and evening dresses.Order Over $150,Enjoy Free Shipping.">

5.2.3 SEO 实用搜索指令

1. site:指令的使用

site:指令是 SEO 常用的一个搜索指令，用于查询某个域名下被 Google 收录的网页数量，如图 5-7 所示，该网站被 Google 收录的网页数量大约是 19 700 条。通常 SEO 从业者通过观察 Google 收录网页数量的变化来了解网站被 Google 索引的情况。请注意，使用此命令时，冒号和网址之间没有空格。在 Google 搜索 site:www.×××.com 会返回以 www 开头的网址，搜索 site:×××.com 会返回所有子域的网址。搜索 site:google.com 就会返回诸如 www.google.com、checkout.google.com 和 Finance.google.com 之类的网址。

图 5-7　site:指令的使用

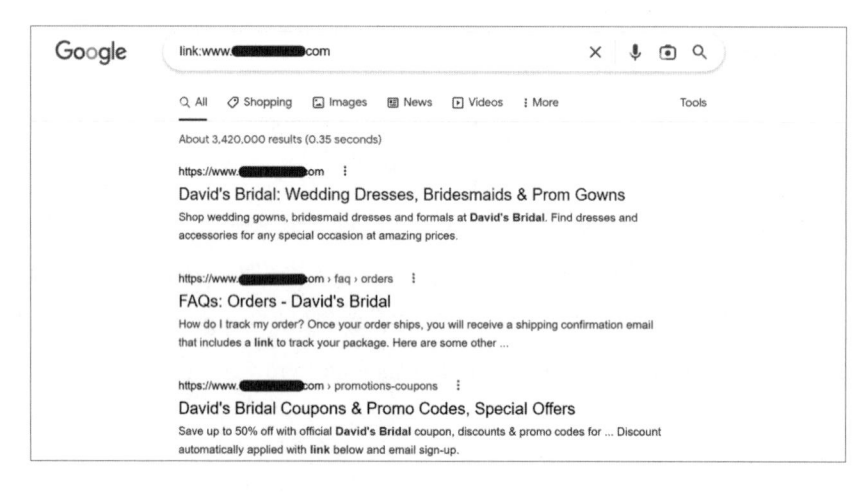

2. link:指令的使用

link:指令是用来搜索某个 URL 的链接的数量,既包括网站的内部链接,又包括网站的外部链接。例如,搜索 link:www.×××.com,返回的就是指向 www.×××.com 的所有链接。如图 5-8 所示,通过 link:指令我们发现指向该网站的链接总共有 3 420 000 条。通常一个页面的链接数量越多,那么该页面的权重就越高,该页面在 Google 的排名就越靠前。

另外,在 Google 搜索中使用 link:www.×××.com -site:×××.com,则可以查询链接到 www.×××.com 网页的外部链接,其中去除了所有包含×××.com 的页面。我们可以通过 link:指令了解到竞争对手是如何进行外部链接建设和运营推广的,对于独立站的运营有很大参考价值。

图 5-8 link:指令的使用

3. inurl:指令的使用

inurl:指令:将搜索限制在特定的网址内,以获取与查询有关的内容。使用 inurl:指令,可以更准确地搜索出行业内的竞争对手及其选择的优化方案。例如,输入 inurl:wedding dress,Google 会列出所有网址中包含 wedding dress 的搜索结果。

4. intitle:指令的使用

intitle:指令:在网页标题中搜索。在使用 Google 搜索时,加入 intitle:可以限定在网页标题中搜索相关信息。例如，在 Google 搜索框中输入 wedding dress intitle:mermaid wedding dress，其含义是搜索包含 wedding dress 的内容并且网页标题中包含 mermaid wedding dress 的网页。使用 intitle:指令可以找到更精准的网页。如果关键词只出现在网页可见文字中，而没有出现在标题中，大部分情况是没有针对关键词进行优化，通常就不是卖家有力的竞争对手。

5．filetype:指令的使用

filetype:指令：搜索特定格式的文档。在 Google 搜索中加入 filetype:可以搜索指定格式的文档，目前 Google 搜索支持的文档格式有.pdf、.ps、.dwf、.kml、.kmz、.doc、.xls、.ppt、.rtf、.swf。例如，在 Google 里搜索 seo guide filetype:pdf，得到的结果是包含关键词 seo guide 的 PDF 文档。

6．使用 Google Advanced Search 功能更精准地搜索想要的内容

使用 Google Advanced Search 功能，用户不需要记忆语法，只需要填写搜索词和选择相关选项就能完成复杂而精准的搜索。

以上是 SEO 使用 Google 查询时比较常用的搜索指令，Google 还有很多其他的搜索指令，如 related:、inanchor:、allintitle:、allinurl:、cache:等，可以自行上网搜索了解。

5.3 关键词研究

5.3.1 什么是关键词研究，为什么它很重要

1．什么是关键词研究

关键词研究是发现目标受众正在使用哪些单词或词组进行搜索的过程。关键词可以是一个单词或词组，也可以是一个完整的短语。

2．为什么关键词研究很重要

关键词研究很重要，因为它可以帮助卖家了解客户的购买意向、网站的竞争格局，并据

此制定网站的 SEO 策略。

关键词研究是 SEO 的重要组成部分，如果选择了错误的关键词或没有针对关键词进行合理的优化，就无法将潜在客户吸引到网站，即使吸引了也是非目标客户，他们的访问体验也会很差，从而导致网站跳出率（Bounce Rate）很高。

正确进行关键词研究后，卖家将通过以用户为导向的内容和数据来赢得目标流量和客户。

5.3.2 怎样寻找合适的关键词

要想寻找合适的关键词，就要先把自己当作一名网站的客户，思考他们用什么样的关键词进行搜索来寻找商品和服务。通过这种思维，再加上合适的工具，就能拓展出成百上千的关键词。这听起来似乎很简单，但是有些必要条件是卖家必须具备的。第一，需要对所从事的行业有足够的知识储备。第二，需要熟练掌握和使用关键词工具，如 Google 关键词工具。

1．通过种子关键词来拓展其他关键词

种子关键词是关键词研究过程的起点。种子关键词能明确市场范围，并使卖家有效地识别竞争对手。卖家每次使用 Google 关键词工具的时候，必须使用一个种子关键词，通过它会产生大量的关键词提示。

如果已经拥有想要在线上推广的商品或服务，那么就很容易找出相关的种子关键词，想想人们在 Google 上会输入什么关键词来寻找商品。例如，网站销售的是婚纱礼服类的商品，那么种子关键词就是 wedding dresses，bridesmaid dresses，evening dresses，prom dresses，formal dresses 等。通常种子关键词的 SEO 竞争激烈，要想让它们取得靠前的搜索排名非常困难，更多的是用它们来拓展其他关键词，所以不要过分沉迷于种子关键词的排名。

2．通过竞争对手来寻找关键词

研究竞争对手的网站是另一个寻找关键词的方式。通常，通过查看竞争对手网站的首页源文件，我们可以在<title> <description>标签里找到竞争对手重点优化的关键词，做过网站 SEO 的竞争对手通常会把一些重要关键词放在这些位置上。例如，通过以下的源文件标签，

我们可以找到竞争对手的主推关键词是 Bridesmaid Dresses。

<title>Stylish Bridesmaid Dresses | Shop Maid of Honor Dresses - Example</title>
<meta name="descripiton" content="Find the perfect bridesmaid dresses without ever leaving the house! We have the hottest styles for your besties in a wide range of colors online.">

现在，很多网站已经不使用<keywords>关键词标签了。标题标签的长度有限，不一定完整地列出目标关键词，但首页正文内容中一定会出现网站的核心关键词。

Google 关键词工具有一个很重要的功能，那就是除了列出关键词的搜索次数，还可以根据某个页面的正文内容提炼出最相关的关键词，从正文中提炼出的关键词通常是非常准确的。

如图 5-9 所示，用 Google 关键词工具对某网站其中一个销售 bridesmaid dresses 的目录页面进行分析，用过滤器过滤了包含品牌信息的关键词后，自动产生出大量的衍生关键词。

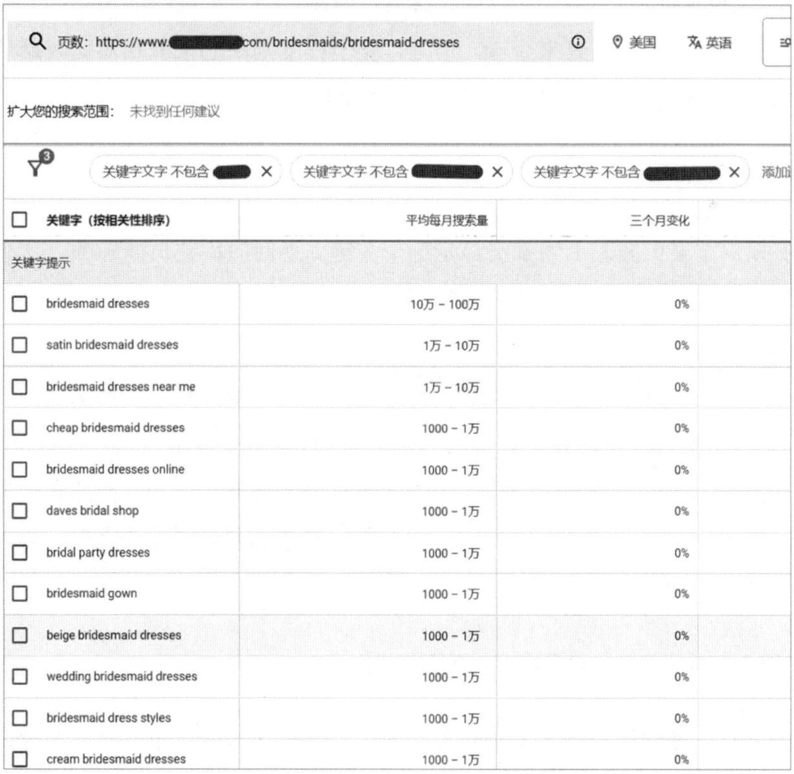

图 5-9　使用 Google 关键词工具衍生更多关键词

3. 用好 Google 关键词工具

Google 关键词工具是独立站 SEO 过程中最常用的寻找关键词的工具，它具有通过竞争对手的网页衍生关键词的功能，这些自动衍生的关键词可以给卖家提供很多关键词的想法。同时，它也能展示每个关键词平均每月的搜索量，卖家可以用 Excel 的形式将这些备选关键词保存下来，删除一些重复和搜索量极低的关键词。现在的 Google 关键词工具的英文名称叫"Keyword Planner"，中文为"关键词规划师"，目前它是 Google Ads 的一个功能，需要注册 Google Ads 账户才能使用。

5.3.3 关键词竞争程度的判断

什么样的关键词最适合进行 SEO 呢？搜索次数多、竞争程度小的关键词。搜索次数我们可以通过 Google 关键词工具来查看。但是，竞争程度判断起来就相对比较麻烦，下面列出了几个用来判断关键词竞争程度的要素供大家参考。

1. 搜索结果的数量

Google 搜索结果页面左上角都会显示这个关键词返回的相关页面总数。这个数是指与搜索词相关的所有页面的数量，通常这些页面都是参与这个关键词竞争的。数量越多，关键词竞争也就越激烈。

搜索结果数量在 10 万条以下的关键词，通常被认为竞争比较小，卖家适当进行网站优化和提高网站权重就可以快速提高关键词的排名。当搜索结果数量达到几十万条时，说明这个关键词有一定的竞争力，要想取得好的排名，网站需要更高的质量。当搜索结果数量超过百万条的时候，这种通常就是热门关键词了。当搜索结果数量超过千万条时，通常只有一些大型网站才能取得靠前的排名。

2. 使用 intitle:搜索命令得到的页面数量

通过在 Google 搜索框里填入 intitle:关键词，可以得到网页标题里包含关键词的竞争对手的页面数量，这被认为是一种有效的查看竞争程度的方法。

3. Google Ads 出现的数量

当一个关键词的搜索结果里，Google Ads 出现得越多，那么毫无疑问这个关键词的竞争就越激烈，反之竞争相对较小。

5.3.4 长尾关键词——不可忽略的长尾理论

1. 什么是长尾关键词

长尾关键词（Long Tail Keyword）是指每月获得少量搜索的关键词或短语，它们往往比核心关键词具有更长、更具体的内容，因此通常也具有更高的转化率。

通过图 5-10 我们可以发现，"can meditation make you smarter"这个短语每月的搜索量只有 50 次，远远低于核心关键词"meditation"的搜索量。但是，对于一个新的网站来说，在核心关键词取得靠前排名非常困难的情况下，长尾关键词因为竞争对手少，更容易让网站脱颖而出。并且，长尾关键词的针对性更强，更容易带来订单的转化。并不是由很多单词组成的关键词或短语才是长尾关键词，判断长尾关键词的依据是它的每月搜索量。如图 5-11 所示，有些由多个单词组成的关键词搜索量有几十万次，而有些只有一个单词的关键词搜索量却只有 100 次，这样的单词也是长尾关键词。

Keyword	KD	Volume
meditation	93	211K
can meditation make you smarter	19	50

图 5-10　长尾关键词

Keyword	Volume	Keyword	Volume
sotoba	100	map of the united states	652K
freetard	100	how to screenshot on mac	496K
mosswine	100	how to lose weight fast	331K
senstone	100	how long to boil eggs	320K
chromide	100	how many teaspoons in a tablespoon	263K

图 5-11　判断长尾关键词的依据

2. 为什么长尾关键词如此重要

（1）长尾关键词虽然搜索量少，但是竞争也小，网站更容易取得好的排名。

（2）长尾关键词更容易创建相关内容，有时候只需要改变搜索内容中的其中一个要素，它就会衍生出大量相关但又不同的内容，这样就可以创造出数量可观的页面。从图 5-12 我们可以发现，通过改变 best website builder 的使用者，产生了大量的关键词。

Keyword	KD	Volume
+ best website builder for therapists	12	100
+ best website builder for teachers	28	90
+ best website builder for authors	19	80
+ best website builder for realtors	26	50
+ best website builder for actors	4	50
+ best website builder for videographers	7	50
+ best website builder for real estate agents	26	50
+ best website builder for bands	30	50

图 5-12　通过改变某个要素产生了大量的关键词

3. 如何寻找长尾关键词

（1）使用 Google 的自动衍生关键词功能。在 Google 搜索框里输入关键词的时候，它的下拉列表会自动产生相关的长尾关键词。

（2）Google 的相关搜索功能。Google 在搜索结果的第一页底部提供了 8 个相关关键词，这些通常是与刚刚搜索的词密切相关的长尾关键词。

（3）通过对自己业务的研究，自己创造相关的长尾关键词。需要问自己以下问题：是什么让我的产品与众不同？什么样的人需要我提供的产品？他们为什么要选择我而不是其他竞争对手？通过解决这些问题，衍生出和自己的产品更贴切的长尾关键词。

（4）通过 Google 关键词工具得到长尾关键词。该工具可以使关键词根据搜索量由低到高进行排序，通常长尾关键词的搜索量比较少。

4. 有效使用长尾关键词

找到长尾关键词只是成功了一半，找到长尾关键词后，需要在页面上正确使用它们。首先,要避免为了优化而优化,将长尾关键词堆砌在内容中而使内容本身失去了可读性,这就违背了 SEO 的基本原则,要保证内容的可读性和可用性。其次,在页面的标题、副标题中要使用长尾关键词。

关键词研究是 SEO 成功的基础。另外,由于长尾关键词竞争没那么激烈,非常适合建站初期的独立站。

5.4 独立站结构的规范和优化

规范的网站结构是将杂乱无章的网页变成用户和搜索引擎都喜欢的样子,因此清楚地了解网站结构及如何布置结构就显得尤为重要。

创建优秀的网站结构所必需的规则是什么?应该如何进行规划?为什么它对 SEO 很重要?在这一节内容中,我们将学习如何规范和优化网站结构,以便在网站建设中为 SEO 打下良好的基础。

5.4.1 网站结构

什么是网站结构?网站结构是网站所有页面的组织和相互连接的方式,以及导航到不同页面的方式,通常有 3 种常见的网站结构。

1. 线性结构

线性结构(Linear Structure)如图 5-13 所示。网站的页面以线性方式连接,并且都遵循一定的操作路径。例如,从主页到服务页面,再到展示或报价页面。它仅适用于旨在展示产品、服务或品牌的小型网站。

图 5-13 线性结构

2. 网状结构

网状结构（Network Structure）如图 5-14 所示。网站上的每个页面都可以从其他页面访问，因此这种结构仅适用于页面数量有限的网站。

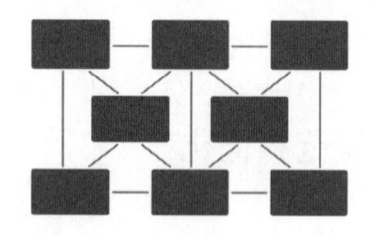

图 5-14　网状结构

3. 树状结构

树状结构（Hierarchical Structure）如图 5-15 所示。这是目前最流行的网站结构类型，适用于任何网站。它遵循类别和层次结构，可以层层递进到更具体的页面。

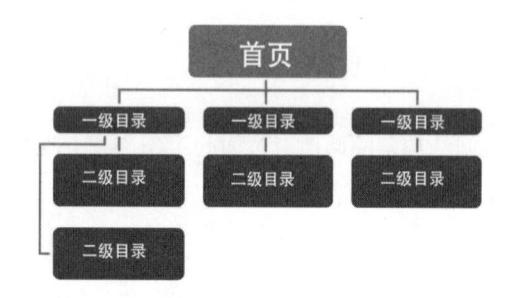

图 5-15　树状结构

对于电子商务网站，尤其是品类和产品比较多的独立站来说，树状结构通常是最佳选择。它不仅便于用户找到他们想要的产品，更重要的是通过这样的网站结构 Googlebot 能轻松抓取所有页面，并且搜索引擎更容易结构化地在搜索结果中展示网站。

5.4.2　为什么网站结构对于独立站 SEO 来说至关重要

如果独立站拥有对 SEO 友好的网站结构，那么用户和 Google 都会"理解"并喜欢它。

（1）用户体验的好坏是搜索引擎考量的重要因素。搜索结果的排名与网站结构和导航的难易程度有一定关联，页面之间的所有递进和过渡都应该是自然的。另外，尽量做到不超过3次点击就能使用户访问到网站中的任何页面。

（2）搜索引擎会评估整个网站结构，它会根据页面在网站结构中的位置来赋予它不同的权重，层级越高权重就越高，如首页＞目录页＞详情页。

（3）规范的网站结构会增加在 Google 搜索结果中获得附加链接的机会。附加链接是 Google 搜索结果中的一个模块，它除了展示首页链接，还展示了目录和其他内页的链接，让搜索者不用点击进入网站就能发现他们要找的类目，这能大大提高网站的点击率和购买的转化率。Google 会自动提取最相关的信息来生成附加链接，而影响这个过程的唯一方法就是建立一个全面、规范的网站结构。

（4）规范的网站结构可以让 Googlebot 能更顺畅地抓取网站所有页面。

5.4.3 导航栏目要清晰

1. 菜单

在许多情况下，用户浏览网站的过程都是从菜单开始的，因此它必须包含网站的所有重要部分。菜单可以放在页面顶部或左侧，也可以通过单击或悬停打开。

2. 面包屑导航

在浏览网站时，用户不一定知道他们现在处于网站的什么位置，以及如何返回目录页，这时面包屑导航就会非常有用，图 5-16 中箭头所指的位置即为面包屑导航。面包屑导航不仅能给访客提供更好的用户体验，还能帮助 Googlebot 更加了解网站结构。

3. 网站头部

网站页面当中最上面的那一小部分就是网站头部，每当访客进入网站，它就会是访客第一时间看到的部分。它包含最重要的类别或页面，通常联系人、搜索框、语言或区域切换也在这里。

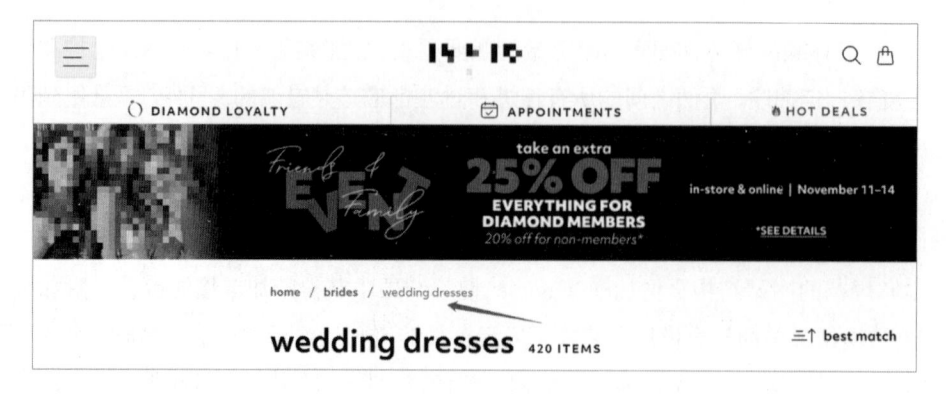

图 5-16　面包屑导航

4．页脚

页脚是页面底部的一个模块，通常可以复制主菜单中包含的内容，并且还包含隐私政策、其他文档、常见问题解答、联系人等链接。

5．过滤器和排序选项

如果网站提供大量产品或服务，就需要设计过滤器和排序选项系统，以帮助用户快速找到他们想要的内容。过滤器可能因类别而异，应涵盖所有可能的产品特性。

5.4.4　网址的规范化和优化

1．优质网址的特点

什么样的网址才是一个好的网址？一个优质的网址，或者一个干净的网址，需要具备以下特点。

（1）在条件允许下，网址不要过长。

（2）不要出现包含有编码的字符（如空格、"、<、>、#、%、|）。

（3）要包含需要优化的关键词。

（4）通俗易懂。

（5）包括逻辑文件夹结构，如 https://www.×××.com/dresses/weddingdresses.html。

（6）使用 https:// 作为开头，而不是用 http://。

让我们来举个例子，下面有两个网址，通过刚才描述的优质网址的特点，马上就能知道孰优孰劣。

> www.×××.com/blog/chinese-wedding-dresses
> www.×××.com/sdkfjb/ryba/sdfkjb-2017/sdfhhha

第一个网址对搜索引擎非常友好，快速直观地告诉用户和搜索引擎它想表达的内容是什么，是一篇关于中式婚纱的博客文章，但是第二个网址什么也没说，是错误的网址示例。搜索引擎更关心网址的语义和内容，从而进一步判断页面内容，所以不能低估了网址的重要性。

2．如何创建对搜索引擎友好的网址

（1）在网址中出现关键词但不宜过多。网址中出现1~2个关键词通常足以为用户和搜索引擎提供必要的信息，太多关键词会让网址看起来冗长。

正确的网址示例：https://www.×××.com/how-to-make-good-url.html。

冗长的网址示例：

https://www.×××.com/how-to-create-the-best-url-for-the-website-easily。

（2）用路径结构来规范网址。将网址结构化为一级目录/二级目录/产品页面，这样的路径结构能让访客知道他们所在的位置，如 https://www.×××.com/winter-clothes/coats，而不是 https://www.×××.com/coats。

（3）标题和网址中使用同样或相关的关键词，这样能使页面的内容和网址相匹配。

（4）连字符和下划线的区别。应该在网址中使用连字符"-"，Google认为连字符比下划线更好。在网址中，连字符一般作为空格使用来分隔单词，而搜索引擎无法识别下划线。例如，如果使用"my_trip"，Google会将其解释为"mytrip"而不是"my trip"。

（5）网址中统一使用小写字母。

5.4.5 静态网址和动态网址

网址有两种类型：静态网址（永久链接）和动态网址。

静态网址是固定不变的，它不包含可变参数，举例如下：https://www.×××.com/seo-tools.html。

动态网址来自由数据库驱动的网站,此类网址由服务器或内容管理系统生成,与静态网址不同,它们对用户和搜索引擎都不太友好,有时具有不同参数的网址会将用户带到完全相同的页面,造成重复页面的产生。下面是一个典型的动态网址示例:https://www.×××.com/p/google-checkout-php-sample-code/issues/detail?id=31。

静态网址更适合进行 SEO 有如下原因。

(1)静态网址通常包含关键词。

(2)静态网址易于复制、粘贴和记忆。

(3)静态网址能帮助用户通过网址提前了解页面的内容。

(4)静态网址对搜索引擎更加友好。

但是,有时候网站不可避免地要使用动态网址,如一个拥有大量产品的购物网站,并且它们的状态是经常变化的,那么就必须使用动态网址。在这种情况下,建议创建简短而清晰的动态网址,删除一些非必要的参数,如 https://www.×××.com/?p=category2&article=page。

5.4.6 减少重复的内容

1. 什么是重复内容

如果相同的内容出现在多个网址上,那这就是重复内容。虽然从技术上看 Google 并不会惩罚重复内容的出现,但重复内容会影响页面在搜索引擎中的排名。

2. 网站中的重复内容通常是怎么产生的

(1)网址参数可能会导致重复内容的出现,这可能是由参数本身引起的,也可能是由这些参数在网址中出现的顺序引起的。例如,https://www.×××.com/blue-widgets?color=blue 和 https://www.×××.com/blue-widgets?cat=3&color=blue,如果它们指向的内容是完全相同的,那么这两个网址就是重复内容。

(2)当一个页面有多个版本,如打印版本被搜索引擎收录以后,也会产生重复内容。

(3)http 与 https 或 www 与非 www 的使用。如果网站在 www.×××.com 和 ×××.com(带有和不带有"www"前缀)有不同的版本,并且两个版本都存在相同的内容,那么实际上已经创建了重复内容,这同样适用于同时维护 http:// 和 https:// 版本的站点。如果一个页面的两个版本都对搜索引擎可见，那么就会出现重复内容的问题。

（4）抄袭或复制的内容。如果许多不同的网站销售相同的商品，并且它们都完全复制制造商提供的商品描述，那么重复内容最终会出现在网络上的多个位置。

5.4.7　网站内部链接

网站内部链接指向的是自己网站上的页面，而外部链接指向的是其他网站上的页面。网站导航是最常见的内部链接，通过优化内部链接也可以起到提升排名的作用。

1. 网站内部链接的权重分布情况

网站内部链接权重分布图如图 5-17 所示。

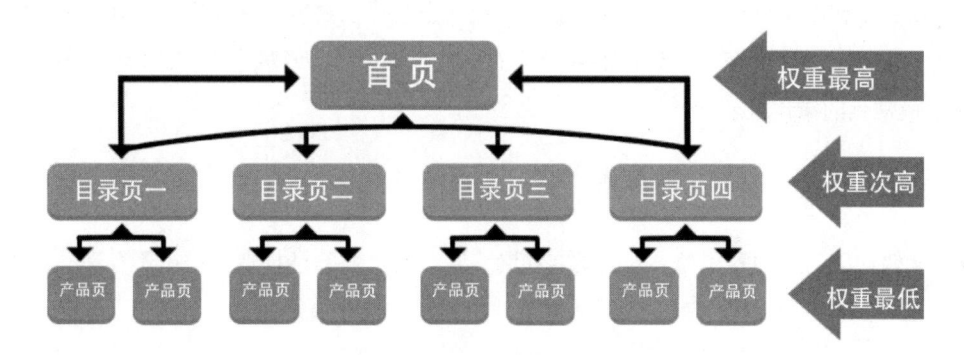

图 5-17　网站内部链接权重分布图

毫无疑问，首页是整个网站中权重最高的页面，其次是目录页，最后是产品页或详情页。所以，如果有需要重点优化的新页面，新页面的链接离首页越近越好，一方面 Googlebot 可以更快速地收录该页面，另一方面该页面的权重也会得到极大的提升。

2. 锚文本的使用

网站内部链接要使用相关关键词作为锚文本，如指向鱼尾婚纱（Mermaid Wedding Dresses）链接的锚文本一定要和 Mermaid Wedding Dresses 这个关键词相关。

3. 重点产品页面的链接

通常独立站中有一些产生收入和带来订单较多的产品页面，一般其位置都在至少三级甚至四级以上的层级中，其权重本身很低。对于表现如此之好的产品，我们可以让它们离高权重页面更近，甚至直接以文本或图片的形式链接到首页中，一方面可以直接吸引更多的流量，带来更多的订单，另一方面可以提高页面的权重，提高产品页面在 Google 中的自然排名，为该产品页面带来更多的自然流量。

5.4.8　404 错误页面的设计

1. 什么是 404 错误

404 错误代表客户在浏览页面时，服务器无法正常提供内容，或者是服务器无法回应且不知原因。通常是因为客户所访问的对应页面已被删除、移动或从未存在。404 错误也是互联网上最常见的错误之一。

2. 404 错误页面有没有价值

404 错误能告诉搜索引擎、网站访客和网络管理员页面网址损坏或根本不存在。从技术角度来看，404 错误能提示错误页面的位置，使我们发现并去修复它。

3. 如何设计和优化一个 404 错误页面使它具有价值

404 错误页面本来是网站的一个漏洞，但是如果我们把它设计和优化得足够好，它反而能成为流量变现的强大工具。我们可以用以下方法去优化它。

（1）在页面上设计图片和链接指向网站的首页。

（2）以图片形式向访客展示精选的一些受欢迎的商品并放上链接。虽然潜在客户可能不一定对商品感兴趣，但这种方法能将访客从 404 错误页面吸引到正确的网页上来。

（3）以道歉的形式通过链接引导客户访问到正确页面。

（4）通过幽默的方式给客户留下印象。

（5）为客户指明正确的方向，卖家可以放入相关的文字链接指向正确的目录，同时也有助于提高相关目录页面的权重。

（6）可以在页面中加入搜索功能，访客因为没有找到相关商品而来到了 404 错误页面，这个时候一个搜索框能让访客找到他们想要的商品。

5.5 独立站的页面 SEO

页面 SEO 是指优化网站上的页面，以提高该页面的搜索排名和改善用户体验的过程。这与站外 SEO 相反，站外 SEO 是指针对网站之外的元素进行优化，包括外部链接或社交媒体引用等。页面 SEO 包括标题标签、描述标签、关键词密度、H 标签、Alt 标签、社交媒体按钮、Open Graph 元标签和页面打开速度等。

简而言之，页面 SEO 可以帮助搜索引擎更好地了解页面上的内容，给网站带来最重要的财富——流量。接下来我们将从几个重要因素着手，介绍页面 SEO 的正确方法。

5.5.1 标题标签的优化

标题标签，也叫元标题，用来指定网页标题的 HTML 元素。页面的标题标签在搜索引擎结果页面上显示为可点击的加粗字体，它对于用户体验、SEO 和社交分享都很重要，因此我们需要为网页提供准确而简洁的标题标签内容。

标题标签都是出现在网页 HTML 中<head>与</head>之间的，它的格式是这样的：<head><title>示例标题</title></head>，那么如何写好一个标题标签呢，需要从以下几个方面入手。

1．标题标签的长度

我们通常建议标题标签的长度不超过 60 个字符，尽量避免全部使用大写，因为这会严重限制 Google 可以显示的字符数，建议标题标签里的每个单词的首字母大写。

2．不要过度使用关键词

虽然网站不会因为标题标签太长而受到惩罚，但是如果在标题标签中刻意堆积关键词，

就可能受到 Google 的惩罚，严重的可能会将整个网站移出 Google 的搜索结果。例如，Dress | Wedding Dresses | Women's Dresses | Dresses |Bridal Dresses，像这样的标题标签内容就有关键词堆积的嫌疑，特别是 Dress 的多次出现导致整个标题标签缺乏可读性。网页的标题标签需要简洁且易读，如 Wedding Dresses & Bridal Gowns 2022 | Brand Name®，它的格式：第一关键词和第二关键词 | 品牌名称，这种格式就比较符合 Google 对于标题标签的要求。

3. 给每个页面提供独特的标题标签

给每个页面提供独特的标题标签有助于搜索引擎认为页面上的内容具有独特的价值。在拥有数百或数千个页面的独立站上，为每个页面制作一个独特的标题看起来工作量很大，但数据库驱动的独立站允许卖家通过模板的形式自动为每个页面创建不同的标题。例如，可以使用模板轻松生成如下标题：产品名称—产品类别—品牌名称。要避免使用默认标题，如"主页"或"新页面"，这些标题可能会导致 Google 认为网站有重复的内容，此外，这些标题标签根本无法给网站带来排名和流量。

4. 先放重要关键词

标题标签开头的关键词对搜索排名有很大的影响。此外，用户体验研究表明，人们通常只扫描标题标签的前两个词。

5. 将品牌名称加入标题标签中

不管品牌是否知名，都应该将品牌名称放在标题标签中，既然已经创建了独立站，那么就是希望在互联网上创造属于自己的品牌，通常建议将品牌名称加到标题标签的末尾。

5.5.2 描述标签的优化

描述标签，通常也叫元描述，是指为搜索引擎提供的网页简短摘要，描述标签内容在 Google 搜索结果中的展示形式如图 5-18 所示。页面的描述标签显示为搜索引擎结果页面中搜索片段的一部分，旨在让用户了解页面中的大概内容。

图 5-18　描述标签内容在 Google 搜索结果中的展示形式

要写好描述标签，有以下几点需要注意。

1. 在描述标签中包含引人注目的广告文案

描述标签能起到广告文案的作用，让网站从搜索结果中脱颖而出。页面的描述标签内容应巧妙地使用目标关键词，以一种自然的方式引导用户点击进来。Google 和其他搜索引擎经常将用户查询的关键词加粗，以吸引用户的眼球。写描述标签时，尽可能将描述标签与有价值的搜索词相匹配，但要避免过度使用关键词。

2. 避免重复

避免多个页面使用相同的描述标签。

3. 控制字数

Google 给描述标签的展示字数越来越少，因此字数需控制在 160 个字符左右，避免被截断。

5.5.3　正文中的关键词密度

当编辑页面正文的时候，需要放置多少个关键词？怎样才算关键词过度堆砌？接下来我们将详细探讨以上问题。

1. 关于关键词密度及最佳密度

关键词密度（Keyword Density）用来度量关键词在网页上出现的总字数与其他文字的比例，一般用百分比表示。相对于页面总字数而言，关键词出现的频率越高，关键词总字数就越多，关键词密度也就越大。

关键词密度的计算公式如下：

关键词密度=关键词字符总长度/页面文本内容字符总长度×100%

根据目前 SEO 行业反馈的结果来看，2%的关键词密度是最佳选择。当然这个也不是绝对的，作者也不要刻意为了达到这个比例去生硬地修改正文内容，最重要的还是保持正文内容的自然性和可读性。

2．关键词堆砌

关键词堆砌是大量相同关键词高密度地出现在正文中的形式，是编写低质量内容的一种做法。它的目的是欺骗搜索引擎，使网页在搜索引擎结果页面中排名更高，但是这种策略早已不再奏效，而且会被列入 Google 惩罚的行列。

5.5.4　H 标签的使用

1．什么是 H 标签

H 标签（Header Tags）是一种 HTML 标签，它告诉浏览器应该以什么样式来显示网页上的一段标题文本。我们以网页中的 HTML 源代码为例，H 标签是这样的：<h2>What's header tags?</h2>。与印刷内容中的标题一样，H 标签用于网页正文中的标题或用于介绍其下方的正文内容。HTML 文件中，H 标签遵循从 H1 到 H6 的层次结构。

2．H1～H6 的不同用处

H1 标签最为重要，通常我们会把页面中最重要的关键词放在 H1 标签里。H2 和 H3 标签通常用作副标题，可以放置一些次重要的关键词进去。H4、H5 和 H6 标签用于文章段落和小结的开头部分，用来说明段落和小结里的内容。

3．H 标签对访客和搜索引擎都很有帮助

对于网站的访客，H 标签为他们提供了将要阅读的内容的预览。对于像 Google 这样的搜索引擎，H 标签提供了页面全部内容的概括，所以 H 标签可以帮助搜索引擎更容易理解

页面内容，并且让内容更具可读性和可访问性。

4．一定要在 H 标签中加入关键词

Google 使用 H 标签来收集页面中的上下文内容，这意味着 H 标签里的关键词对于 Google 来说有很高的权重，所以必须将关键词自然地加入 H 标签中去。

5.5.5 Alt 标签

1．什么是 Alt 标签

Alt 标签（Alt Tags，替代文本）是用来描述页面上图片的一个标签文本。为网站上的图片添加 Alt 标签是提高网站可访问性的一个重要方法，Alt 标签使屏幕阅读器能够阅读有关页面上的图片信息，从而帮助失明人群或无法查看页面图片的人。当网页无法加载图片文件的时候，将显示 Alt 标签代替图片。Alt 标签能为 Googlebot 提供更好的图片描述，帮助 Googlebot 在图片搜索中正确索引和排名。

Alt 标签的示例：<img src="weddingdresswhite.gif" alt="White Wedding Dress">。

2．为什么 Alt 标签很有用

在 Google 中，图片搜索占搜索量的 19%左右，这是一个不可忽视的流量来源。数据显示，在使用 Google 图片搜索并点击图片的用户中，有 63%最终会访问图片来源网站。合理使用 Alt 标签的图片，将会比没有使用 Alt 标签的图片在 Google 图片搜索中取得更好的排名。

3．如何写好 Alt 标签

（1）尽可能具体地描述图片。Alt 标签旨在为无法看到图片的用户提供图片的文本解释，所以要尽可能详细地描述图片。同时，要保持（相对）简短，建议将 Alt 标签控制在 125 个字符内，虽然这不是硬性规定，但它是个默认的规范。

（2）尽可能包含关键词。Alt 标签包含目标关键词，从而向搜索引擎表明图片与特定关键词的搜索高度相关，这对于提高图片和页面的排名都有好处。

（3）避免关键词堆砌。Google 不会因为 Alt 标签写得不好而扣分，但如果将尽可能多的

相关关键词塞入其中，就可能会被 Google 认为是恶意的行为。

（4）为提交类按钮的图片也加上 Alt 标签。如果网站上的表单使用图片作为其"提交"按钮，也应该为该图片增加 Alt 标签，如"Search""Apply""Register"等。

5.5.6 社交媒体按钮

1. 什么是社交媒体按钮

社交媒体按钮（Social Button）是显示在网页上的可点击图标，如图 5-19 所示，它允许网站访客在他们的个人社交媒体平台账号上共享网站的内容，如 Facebook、Twitter、Pinterest 等社交媒体平台。用于共享的社交媒体按钮可以为访客提供更多便利，尤其是当他们想让别人知道他们读过的有用的文章，或者他们最近购买的商品时。因此，用于共享的社交媒体按钮可以改善网站的用户体验。此外，网站访客的分享行为会帮助网站提高品牌知名度和增加流量。

图 5-19 社交媒体按钮展示

2. 为什么社交媒体按钮对于网站 SEO 很重要

社交媒体分享和网站 SEO 是相辅相成的。搜索引擎能探测到网页的社交媒体分享情况，包括页面的点赞、评论数量等，这些信息有助于提高页面的搜索排名，尤其是通过分享还能带来大量的外部链接。另外，社交媒体可以帮助网站覆盖更广泛的受众，全球约有 47.4 亿名社交媒体用户（截至 2022 年 10 月 Kepios 的数据统计），而消费者平均每天在社交媒体上花费约 3 小时，这意味着利用社交媒体平台可以将目标市场扩大几倍，并扩大网站在整个互联网的影响力。

3. 怎样将社交媒体按钮添加到独立站上

根据卖家使用的独立站内容管理系统的类型，在网站上添加的社交媒体按钮可能会有所不同。目前，主流的内容管理系统都提供插件以使网站能轻松地添加社交媒体按钮。

5.5.7　Open Graph 元标签的作用

如何让内容在社交媒体上更容易被点击、分享和引人注意呢？Open Graph 元标签提供了解决方案。

Open Graph 元标签是控制网址在社交媒体上共享时的显示方式的代码片段。它们是 Facebook Open Graph 协议的一部分，也被其他社交媒体网站使用，包括 LinkedIn 和 Twitter，可以在网页的 <head> 部分找到它们。任何带有 og:属性的标签都是 Open Graph 标签。

以下是某个网页中 Open Graph 元标签的示例：

```
<!-- Facebook Meta Tags -->
<meta property="og:url" content="https://www.×××.com">
<meta property="og:type" content="website">
<meta property="og:title" content="Wedding Dresses, Bridesmaid Dresses & More">
<meta property="og:description" content="Shop our Affordable Wedding Dresses 2022 Collection, plus the latest styles, royal wedding dresses, lace wedding dress, bridesmaid dresses and more.">
<meta property="og:image" content="https://img.×××.com/images/2022_new.jpg">
```

用户利用 Open Graph 元标签分享到 Facebook 的呈现效果如图 5-20 所示，这样就能比较直观地反映网站的内容。如果页面上没添加 Open Graph 元标签来指定内容和图片，那么图片就无法显示或由 Facebook 随机从网站中选取一个图加进去，标题和描述也不是指定的内容，最后展示出来的结果可能会和用户想分享的内容不符。

图 5-20　用户利用 Open Graph 元标签分享到 Facebook 的呈现效果

5.5.8 提高页面打开速度

页面打开速度是衡量页面内容加载速度的指标。我们可以使用 Google 的 PageSpeed Insights 工具来评估页面打开速度。PageSpeed Insights Speed Score 整合了来自 CrUX（Chrome 用户体验报告）的数据，并报告了两个重要的速度指标，并且指出页面打开速度慢的问题所在，我们可以将这些问题提交给网站技术部门来解决以提高页面打开速度。

对于 SEO 来说，从以下方面着手有利于提高页面打开速度。

1. 启用压缩

使用 Gzip（一种用于文件压缩的软件应用程序）来减小大于 150 字节的 CSS、HTML 和 JavaScript 文件的大小；对于图像文件，可以使用图片处理软件将其压缩。

2. 优化网页代码（包括删除空格、逗号和其他不必要的字符）

优化网页代码可以显著提高页面打开速度，同时删除代码注释、格式和未使用的代码也都可以提高页面打开速度，Google 推荐使用 CSSNano 和 UglifyJS。

3. 减少重定向

每次一个页面重定向到另一个页面时，访客都会面临额外等待 HTTP 请求的时间，有些移动站点访问重定向模式比较复杂，如下所示：

×××.com → www.×××.com → m.×××.com → m.×××.com/home，中间多出来的两个额外的重定向都会使页面打开速度变慢。

4. 删除错误的 JavaScript 脚本

浏览器在呈现页面之前必须通过解析 HTML 来构建 DOM 树。如果浏览器在此过程中遇到脚本，则必须停止并执行它才能继续，因此建议避免使用错误的 JavaScript 脚本。

5．利用浏览器缓存

浏览器缓存了大量信息（样式表、图片、JavaScript 文件等），以便当访客返回网站时，浏览器不必重新加载整个页面。使用像 YSlow 这样的工具来查看是否已经为缓存设置了过期日期，然后设置"过期"标头，以确定希望该信息被缓存多长时间，通常一年是比较合理的时间段。

6．缩短服务器响应时间

服务器响应时间与流量、使用的资源、使用的托管解决方案有关，要缩短服务器响应时间，需要有好的托管服务器和服务商，最佳服务器响应时间应低于 200 毫秒。

7．使用内容分发网络

使用内容分发网络也就是将网站的副本存储在多个地理位置不同的数据中心，以便用户可以更快、更可靠地访问网站。

8．用 CSS 为图像创建模板

使用 CSS（层叠样式表）为网站上经常使用的图片（按钮和图标）创建模板，CSS 会将模板中的图片组合成一个大图片，一次加载所有图片（这意味着更少的 HTTP 请求），然后仅显示网站的其他部分，这样用户就不需要每次都等待加载所有图片了。

以上都是提高网站页面打开速度的一些手段，具体到操作层面就需要技术人员根据网站的实际情况进行优化调整。

5.6 站外 SEO 和外部链接建设

众所周知，网页的权重来自很多方面，其中站外 SEO 对于提高网页权重和 Google 排名起到重要作用，如网站外部链接、社交媒体、博客等，网站站外链接如图 5-21 所示。

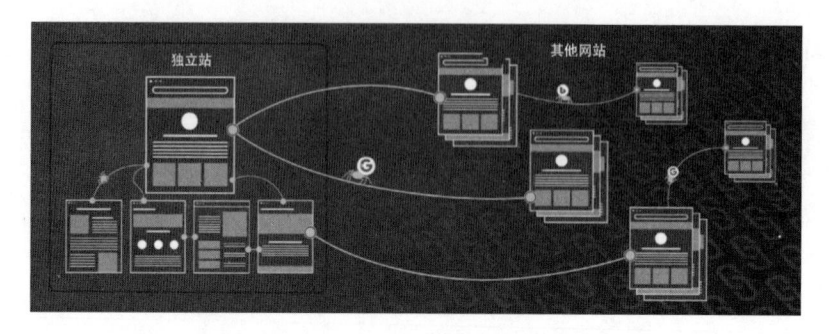

图 5-21 网站外部链接示意图

5.6.1 什么是站外 SEO

1. 网站外部链接的作用

Google 在确定页面排名时会权衡许多因素，如网站内容和性能，除此之外 Google 还会通过网站外部链接的数量和质量来确定网站的权重，这就是站外 SEO 的重要原因。增加和提高网站外部链接的数量和质量就是一种有效的站外 SEO 策略，也是页面取得 Google 排名的重要手段，这是因为 Google 的排名机制是建立在 PageRank 算法之上的，而 PageRank 是一种查看页面外部链接数量和质量的算法。

2. 站外 SEO 和站内 SEO 的区别

站内 SEO 侧重于优化网站中可控制的部分，而站外 SEO 侧重于通过从其他网站获得外部链接来增加网站的权重。

搜索引擎在评估网站时主要看两个方面：站内 SEO 侧重于所优化的内容；站外 SEO 着眼于网站的权重和受欢迎程度。简而言之，想让页面取得一定的 Google 排名取决于站内因素，而页面的排名高低在很大程度上取决于站外因素。

5.6.2 为什么站外 SEO 很重要

虽然 Google 不断改变其算法，但是 SEO 专家们始终认为站外 SEO 在排名中依然起着重要作用。虽然目前无法准确地确定 Google 具体是根据哪些因素对网页进行排名的，但是普遍认为站外 SEO 占排名因素的 50%左右，因此来自优质网站的外部链接显得格外重要。这就是 Google 创始人 Larry Page 和 Sergey Brin 引入 PageRank 指标的原因。在过去的 20 多年里，PageRank 算法已经日益完善，其结果也比早期更加公正、公平和客观。总之，独立站应该瞄准的是高质量和可信赖网站的外部链接，如果缺少高质量网站或网页的外部链接，即使是有一定竞争力的关键词也很难取得较高的 Google 排名。

5.6.3　决定站外 SEO 质量好坏的因素

外部链接是站外 SEO 中最关键的部分，那么外部链接有哪些因素影响搜索引擎排名呢？

1. 外部链接的域名数量

外部链接的域名数量越多，排名就越高，自然搜索流量也就越多。如图 5-22 所示，是来自 Ahrefs 公开的研究报告，我们可以发现，随着外部链接域名数量的增多，页面的自然搜索流量也随之增长。所以，在判断 SEO 质量好坏方面，外部链接域名数量是个重要因素。

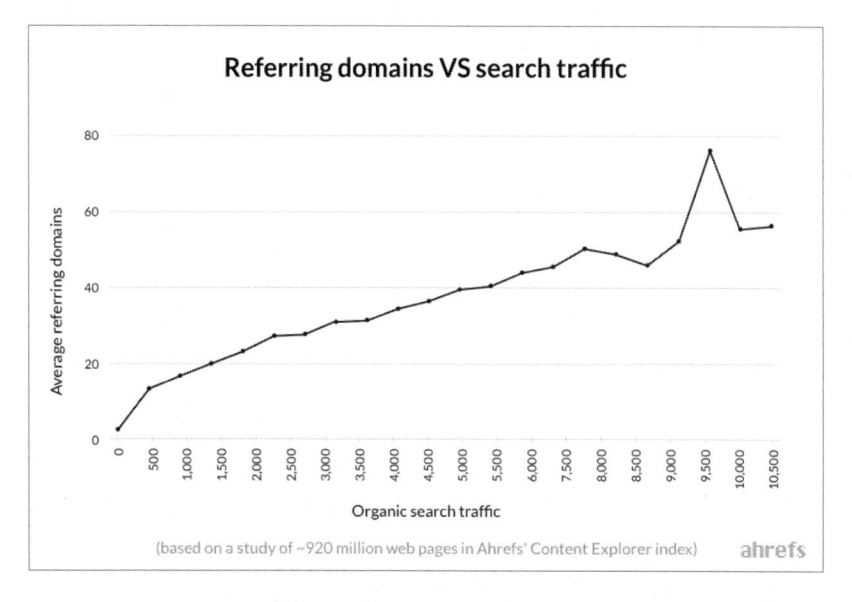

图 5-22　外部链接域名数量和搜索自然流量的对比

2. 外部链接的权重

什么是高权重外部链接？高权重网站是值得信赖的链接来源，它们被认为比垃圾网站或低权重网站更有价值。影响网站权重的因素有很多，其中两个是页面权重和域名权重，使用 Moz Open Site Explorer 等工具，可以查看这两个权重分数的估值。如果相关链接被放置在高权重页面上，则由于 PageRank 会将权重传递的原理，它的权重就会传递到链接页面上去。理想情况下，最好让域名权重（DA 值）超过 40 的站点为网站提供链接，这里的 DA 值指的是 Moz Open Site Explorer 工具对于网站域名权重的评估值，全称为 Domain Authority，它可以通过使用 Moz Open Site Explorer 工具查询到。另外，内容相关性高但是权重不高的链接也是非常不错的选择。影响网站权重的其他因素包括域名的年数和是否是 TLD（顶级域），另外带有.gov 或.edu 的站点具有更高的信任度和权威性。通常情况下，具有较多相关流量和大量访客的站点具有较高的权重。

3. 外部链接的内容相关性

外部链接的内容相关性非常重要。在早期 SEO 中，从任何高权重的网站过来的链接都很有效。由于算法的变化，Google 为了实现为用户提供最佳结果的目标，链接网站的相关性变得格外重要。完全无关的网页链接到卖家网站，有时反而会对网站的 Google 排名产生一定的负面影响。

5.6.4 获得外部链接的不同方式

1. 获得编辑链接

编辑链接是指从其他网站单向指向卖家网站的链接，通常这类网站的发布人认为卖家的网站值得信赖并对他的用户有价值，无条件地把卖家的网站或网页的链接放在他的网页中，并且不需要卖家为此付出任何费用。所以，当网站本身的内容具有足够的价值时，别人才会引用它并把链接指向网站。编辑链接对于提高网站的权重很有帮助，所以我们在建设自己网站的时候要全方面地提高网站的质量。

编辑链接能带来以下好处。

（1）树立网站的权威性。当另一个有权威性或知名的网站在它的内容中以链接的形式引用了卖家网站，无形中也树立了卖家网站的权威性。

（2）提高搜索排名。来自这些权威网站的链接有利于帮助卖家网站获得更高的搜索排名。

（3）带来更多的流量和订单。如果放链接的网站本身具有不错的流量，其用户通过点击链接可以直接了解卖家网站的业务和产品，也可能直接产生订单。

（4）对于品牌形象有好处。编辑链接有助于通过展示，提升网站的品牌知名度和美誉度，给访客带来更专业的印象。

2．提交到在线目录

将网站提交到在线目录（Online Directories）是让搜索引擎和潜在客户注意到网站的有效方式。当站长将网站提交到在线目录时，实际上是在告诉在线目录的编辑，提交的网站与该目录的受众相关。所以，可以有目的地寻找一些和商品相关的在线目录网站，通常许多在线目录网站在 Google 中具有很高的权威性，因此获得的外部链接也有助于提高网站的搜索排名。

3．创建电子书

可以创建电子书并将其免费提供在网站上，也可以邀请其他网站将电子书作为免费资源发布在其网站上，这些措施都可以给网站带来更多流量。由于电子书通常以 PDF 格式发布，因此它们更易于被链接和下载，并且可以通过社交媒体和电子邮件的形式被快速共享。此外，电子书里的内容可以链接到网站上的相关产品，在给网站带来流量的同时还能产生订单。

4．社交媒体分享

即使卖家所做的只是创建一个 Facebook 页面并将网站的 URL 包含在该页面中，这也是来自世界顶级网站之一的外部链接（尽管是"nofollow"），同时卖家也应该在 Twitter、Instagram、LinkedIn、TikTok 和其他社交媒体网站执行同样的操作。此外，如果有效地使用和更新社交媒体，它可以为网站增加大量的流量并获得更多外部链接。

在社交媒体营销帖子中分享卖家网站的内容，当关注者喜欢并分享帖子时，网站就有更多的机会被新客户发现，他们会把网站的链接发布在他们的社交媒体页面上，所以卖家需要定期发布内容并与受众互动以建立忠诚度和信任度。另外，千万不要忘记将链接添加上传到 YouTube 的视频里，YouTube 作为世界知名的视频网站，既能宣传网站和产品，又能通过链接来提高卖家网站的搜索排名。

5. 在其他网站上查找失效链接

研究失效链接需要花费大量的时间和精力，但是回报也是显而易见的。有些网站有许多外部链接，但是由于没有定期更新，导致其中有些链接的网址已经无法访问，卖家可以和站长联系，告诉他们这个情况，并建议他们将链接指向自己的网站，也可以做交换链接。卖家可以使用 SEMRush 的站点审核工具来检查其他网站上的失效链接。因为失效链接会对用户体验产生负面影响，进而损害 SEO。因此，如果能够为失效链接提出简单的修复建议，那么这对对方网站也是有益的。

6. 在博客文章和论坛帖子里发表评论

从博客文章和论坛帖子中获取外部链接。直白地在相关行业博客文章和论坛帖子中发布链接的效果不会很好（对方通常会很快删除链接），要使博客文章和论坛帖子作为外部链接评论发挥作用，就要确保发布的每条评论都具有价值和可读性，链接要以一种自然的方式出现在评论中。

卖家先找到适合网站的博客、论坛和 Facebook 群组，然后加入对话中。不要在每个帖子或回复中都包含链接，要记住发表评论是为了给大家提供有价值的知识或帮助解决痛点。

如果卖家有时间和精力自己去评论，那当然很好。如果不能花时间在博客文章和论坛帖子中发表评论，可以把这项工作进行外包，在国外可以通过在 Fiverr 上找兼职写手来发表评论。

7. 友情链接

（1）友情链接的优点。

友情链接是指网站之间的互补性互助合作，通过各自在自己的网站上放置对方网站的 Logo 图片或文字链接的形式，来实现双方的互相推广。这种交换链接的方式不仅可以增加网站的流量，而且可以提升网站的知名度，从而提高网站的搜索引擎排名，实现网站推广的目的，是一种非常有效的网络推广方式。它有以下优点。

①交换友情链接是一种有效的提高网站权重和搜索排名，以及增加流量的方式。双方互相推荐，能够更好地展示网站的价值，从而提升网站的知名度，提高搜索排名，获得更多的访问量。

②随着友情链接数量的增加，网站的权重也会得到提高，尤其是与权重更高的网站互换友情链接，能够有效地提升网站的权重。

③提升网站的知名度。对于一个新的网站来说，能与业内知名的网站进行友情链接的交换，一方面得到了来自权威网站的认可，另一方面也提升了网站在业内的知名度。

④吸引 Googlebot 抓取网站内容。它能吸引 Googlebot 从高质量的网站"爬到"卖家网站，使 Googlebot 更频繁地来抓取网站的新内容，这一点对于新页面的收录和排名很有帮助。

（2）友情链接的注意事项。

①关联性。对方网站的主题内容要与卖家网站有一定的关联性。交换友情链接的时候，如果不分类别地与不相关的网站进行友情链接交换，数量太多的话可能会被 Google 惩罚，尽量要找和自己主题相关的网站进行友情链接交换。

②交换友情链接要注意质量。链接并不是越多越好，要质量高。

③不要和作弊网站交换友情链接，特别是被 Google 处罚过的网站（通常这些网站页面的 Google 收录数量比实际页面数量少很多）。

④查看友情链接是否存在欺骗行为，只是将对方的网站放在 JS 代码里或友情链接 iframe 里面，或者在链接中加上 nofollow 代码，这样的链接 Googlebot 抓取不到，对网站来说意义不大。

⑤友情链接尽量用文字链接来展现，应尽量避免图片链接，如果一定要用图片做链接，那么在图片链接中带上网站的 Alt 标签，把想要提高排名的相关关键词自然地放到 Alt 标签中。

5.7 SEO 中必须要避免的作弊行为

通过研究和利用搜索引擎算法漏洞，使用搜索引擎禁止的方法来取得排名的手段，被称为黑帽 SEO，这种行为影响搜索引擎对网站排名的合理性和公正性，通常也被称为搜索引擎作弊行为。

Google 和其他搜索引擎有网站管理员指南，网站所有者和网络开发人员在优化其内容时必须遵守这些指南，任何违反这些指南的行为都可能会被处罚。卖家可以通过阅读 Google 搜索要素指南（Google Search Essentials，以前称为网站站长指南）了解和避免黑帽 SEO 行为。

Google 对黑帽 SEO 的惩罚通常会导致网站排名显著下降，或者 Google 会从搜索结果中完全删除网站。接下来，介绍一些常见的黑帽 SEO 行为，卖家需要了解并有效地避免它们。

5.7.1 自动生成内容

自动生成内容是指使用程序或代码自动生成内容，它主要用于操纵 Google 的搜索结果，被认为是一种黑帽 SEO 行为。

Google 列出了几种自动生成内容的示例。

（1）对读者没有意义但包含搜索关键词的文本。

（2）由自动化工具翻译的文本，在发布前未经人工审查或管理。

（3）使用自动同义词或混淆技术生成的文本。

（4）通过抓取 Atom/RSS 提要或搜索结果生成的文本。

（5）不加修饰地拼接或组合来自不同网页的内容，并且没有增加自己的内容。

一些自动生成内容看起来很规范，但仔细检查后，会发现自动生成内容的语言混乱且不连贯，只是用同义词替换其中的一些单词，并简单地加入某些关键词以使这些关键词能取得搜索排名。

对于人工智能（Artificial Intelligence，AI）生成的内容，Google 曾表示同样违反了 Google 内容指南，但在 2022 年 11 月，Google 又表示有描述过程的程序化生成内容不违背其内容指南，因此使用 ChatGPT、Notion AI 等工具生成内容是否违背内容指南的关键不在于是否使用了工具，而在于内容是否有价值。

虽然自动生成内容可以在短期内获得搜索排名，但这不是一个可持续的策略，因为 Google 优先考虑有价值和能提供良好用户体验的内容。如果用户访问网站，看到是机器人编写的内容，通常会立即跳出，当 Google 侦测到大量的这种用户行为后会对页面进行审查并做出处罚。

Google 的算法在不断改进，而自动生成内容在其雷区范围内，因此最好不要冒险进行这样的操作，即使要使用自动生成内容，也需要进行适当的人工修改和内容增减。

5.7.2 隐藏文字和链接

在网页中放置隐藏文字和链接，就是为了欺骗和操纵搜索引擎。以下列举了部分常见的隐藏文字和链接的方式。

（1）在网页区域插入与背景同色的文字。
（2）企图利用图片来隐藏文字，以欺骗搜索引擎。
（3）使用 CSS 样式将文本移动到网页画面之外。
（4）将字体大小缩到极小。
（5）通过链接到小字符的形式来隐藏链接。

如今，许多网页设计元素会动态显示和隐藏内容，从而改善用户体验，以下情况不算违反 Google 的政策。

（1）使用手风琴式折叠内容或标签页来显示内容。手风琴式折叠内容可以让用户清楚地看到不同的内容，并且可以节省空间，而标签页则可以让用户快速浏览不同的内容，节省用户时间。

（2）多张图片或文本段落之间循环显示的幻灯片或滑块，也就是网站上常见的轮播图。轮播图可以极大地改善用户体验，这样多媒体形式的展示能够让网站的内容看起来更加丰富，更容易使用户接受。

5.7.3 关键词堆砌

关键词堆砌是最早的一种黑帽 SEO 行为，在搜索引擎发展的早期，它曾有过非常辉煌的时刻。它曾作为一种关键词快速取得排名的手段，在 SEO 从业者中被普遍地使用，直到 Google 开始注意到这种作弊行为。

关键词堆砌是指通过在网页中大量重复使用关键词，提高关键词密度，达到提高关键词排名的目的。关键词堆砌的常见形式，如标题标签、关键词标签、说明标签、文章内容页高度重复关键词等。

5.7.4 桥页

桥页，也称门页、跳转页面，是为故意操纵搜索引擎索引而创建的网页。桥页通过插入特定关键词并取得排名的方式，将用户发送到不同的页面来获得流量，在用户不知情的情况下重定向用户到其他网站或页面，这是一种典型的黑帽 SEO 行为。

桥页是指一个页面打开之后会自动（或手动）转到其他页面，我们来看一个 HTML 格式的桥页代码：

```
<html>
<head>
<meta name="product 1" content="product 1 and product 2">
<title>product 1 and product 2</title>
<meta http-equiv="refresh" content="0;url=https://www.×××.com">
</head>
<body>
</body>
</html>
```

这个页面打开后会在 0 秒（由 content="0 定义时间）内转到目标网页（由 meta 标签中的 url=https://www.×××.com">定义转向的站点）。

目前，搜索引擎都已经很容易识别桥页，Google 和其他搜索引擎都十分痛恨桥页，一旦发现，马上会把这个桥页，以及包含桥页的整个主域名全部封杀。

5.7.5 大量购买廉价外部链接

购买外部链接是一种站外 SEO 行为，它本身并不违规，但是从垃圾网站批量购买廉价外部链接是一种黑帽 SEO 行为。

如果购买外部链接而无法控制它放置的位置，或者无法控制它出现在哪些内容里，那么就没有正确地购买外部链接。

那么我们是否可以购买外部链接呢？答案是肯定的。前提是购买外部链接的目的不单是为了 SEO，如果购买的外部链接可以帮助网站产生曝光率、提升品牌知名度和内容相关性，那这就不是黑帽 SEO 行为了。通常情况下，购买的外部链接越便宜，它的价值就越低。例如，您是一个销售婚纱礼服网站的卖家，对方是婚纱礼服导购网站和论坛，您联系对方购买广告位用来放置网站或产品的链接，切记是"do follow"的链接，因为它可以传递权重，这种购买链接的行为是被 Google 所允许的。尽量不要去找所谓的第三方 SEO 代理公司，它们承诺以很低的价格为网站增加数百条甚至数千条外部链接，通常这种情况带来的都是垃圾链接，会严重拉低网站的排名甚至会被 Google 处罚。

5.7.6 文章仿写

在没有素材的情况下，文章仿写的想法听起来很不错。通常一个博主可以在两到三个小时内写出一篇原创的博文，而通过文章仿写，博主可以将一篇原创文章放入软件中，从而在几秒钟内生成一篇类似的新文章，工作效率令人难以置信。然而，SEO 的重要因素之一是拥有新鲜和原创的内容，无论是博客文章、在线新闻稿，还是为营销活动、赞助广告撰写内容，新鲜和原创都是必要的。当 Google 对网站进行排名以决定哪些网站最终出现在搜索结果的第一页时，它会查看内容的独特性、访客浏览时间等信息。用软件仿写的文章会让 Google 觉得内容生硬，很容易被判定为内容重复，从而受到 Google 的惩罚。

用软件仿写的文章每次仅会对内容稍做变化。例如，如果我们要写"The dog jumped over the fence"这句话，文章仿写软件可能会将其更改为"The pup hoped over the barrier"。

既然 Google 不赞成用文章仿写的工具产生内容，那我们可以参考其他内容产生新的灵感，从而产生新的原创内容。

当卖家在为寻找新灵感而不知所措的时候，可以尝试通过以下途径寻找。

（1）集体讨论产生多样化的主题。
（2）查看社交媒体，看看网站的关注者对哪些话题感兴趣。
（3）阅读博客评论并回答读者可能提出的问题。
（4）采访网站受众并询问他们希望看到哪些主题。
（5）通过查看竞争对手的网站产生新想法。
（6）在 Google 中输入一个想法并查看相关的搜索建议。
（7）撰写与卖家网站所处行业相关的事件或新闻。
（8）为行业相关的产品撰写评论文章。
（9）讲述一些成功或失败的个人故事。
（10）观看与卖家网站所处行业相关的 YouTube 视频，并查看相关视频建议以获得更多灵感。

（11）使用卖家所在行业的事实、数据和分析来创建新话题。

（12）回顾一下之前发布的内容，换个角度重新写一遍，以包括更新的信息和资源。

5.7.7 被黑内容

由于网站存在安全漏洞，被黑客（未经授权）放置在网站上的所有内容称为被黑内容。这些内容不仅无法为用户提供有用的搜索结果，而且可能会给用户的计算机带来恶意程序的威胁。因此，要确保网站安全，应该先避免被黑内容出现。黑客入侵的行为包括以下几种。

（1）代码注入：允许黑客在网站上注入恶意代码。当黑客获得网站的某些访问权限后，他们就可以将恶意 JavaScript 直接注入网站或 iframe 中，从而达到攻击目的。这种攻击能够对网站造成极大的威胁，从而破坏网站的正常功能和安全。

（2）网页注入：通过植入带有恶意内容的网页来实施。这些攻击可能会通过操纵搜索引擎或试图实施钓鱼式攻击来破坏网站，影响网站用户体验或搜索结果中的卖家网站表现。

（3）内容注入：黑客利用不易察觉的方式来操纵网站上现有网页的一种技术，其目的在于使搜索引擎可以检索到这些被注入的内容，而其他用户却很难发现。这种技术可以通过使用 CSS 或 HTML 将隐藏文字或隐藏链接添加到网页中来实现。

（4）重定向：黑客将恶意代码注入网站中，以重定向部分用户到有害网页或垃圾网页。这种重定向有时只针对特定的引荐来源网址、某些用户代理或某类设备，如某些 Google 搜索结果可能会将用户重定向到可疑网页，而直接访问同一网址却可能不会发生重定向。

5.7.8 内容贫乏的联属网站上的网页

如果网站仅仅是复制和粘贴原始商家的商品说明和评价，而不提供任何额外价值，这样的联属网站被认为是内容贫乏的。这些联属网站往往只包含模板化的内容，没有任何原创内容，从而对用户体验产生不良影响。但是，并非所有参与联属营销计划的网站都是内容贫乏的网站，有些优质联属网站会添加有意义的内容或功能来提升网页的价值，如提供价格比较、原创评论、商品对比、严格测试和评分等。

5.7.9 恶意软件和垃圾软件

Google 会检查网站上是否托管了会损害用户体验的恶意软件和垃圾软件。恶意软件是指蓄意危害计算机、移动设备、计算机/移动设备上的软件，以及具有恶意行为的软件，包括未经用户同意就擅自安装的软件，以及安装的病毒等。垃圾软件是指具有欺骗性或会对用户浏览体验造成负面影响的可执行文件或移动应用，如擅自更改浏览器的主页或其他设置的软件，或者在没有适当披露的情况下泄露隐私和个人信息的软件。因此，网站所有者应确保自己没有违反垃圾软件政策，并确保遵循 Google 搜索要素指南。

5.7.10 用户生成的垃圾内容

用户生成的垃圾内容是指用户通过网站提供的供用户输入内容的渠道，在未经网站所有者知情的情况下添加的内容。这些垃圾内容包括注册的托管服务中的垃圾账号、论坛会话中的垃圾帖子、博客上的垃圾评论，以及上传至文件托管平台的垃圾文件等。这些垃圾内容需要网站管理人员定期清理。

5.7.11 其他可能导致网站遭降权或移除的行为

1. 侵权行为

如果收到有效版权内容移除要求，Google 会依法采取措施进行处理，以保护版权权利人的权益。对于针对诽谤、仿冒产品和法院命令内容移除的投诉，Google 也会采取类似的做法，根据具体情况，有些网站在搜索结果中的权重可能会降低，有些网站甚至会被直接移除。

2. 欺骗和欺诈

Google 采取多种措施来识别、阻止欺骗和欺诈行为，包括检测假冒网站、辨别官方企业或服务、发现虚假信息及其他欺骗行为，以确保 Google 搜索结果中不出现任何欺骗性或欺诈性内容。

5.8 SEO 在 Shopify 中的应用

SEO 是独立站获取流量的重要方式之一，本节以 Shopify 为例来介绍 SEO 在 Shopify 中的应用和实际操作。

5.8.1 Shopify 自动预设了部分 SEO 功能

Shopify 自动预设了部分 SEO 功能，帮助卖家在建站的时候避开了许多雷区，让卖家能够通过简洁的后台页面，轻松完成各种 SEO 设置。这些功能包括以下几种。

（1）自动为页面生成 rel-canonical 标签，这个功能可以有效避免站内页面内容重复的问题，内容重复容易被 Google 惩罚，导致排名下降。

（2）为网站自动生成 robots.txt 和 sitemap.xml 文件，免去了手动为网站设置这两个文件，有利于 Googlebot 快速准确地抓取网页。

（3）自动生成 SSL 证书，增强了网站的安全性，拥有 HTTPS 协议也是取得好的搜索排名的一个重要因素。

5.8.2 为 Shopify 站点开通 Google Analytics 4 功能

Google Analytics 4（以下简称 GA4）是 Google 为网站提供的数据统计服务，能对目标网站进行访问数据统计和分析，并提供多种参数供独立站卖家使用。卖家只需要注册 Google 账户和创建 GA4 账户，就可以登录使用 GA4 了。

1. 创建 GA4 账户和设置数据流

用 Google 账户登录 GA4，首次使用需要添加 GA4 账号名称，如图 5-23 所示。一个账号可以包含多个跟踪 ID，每个跟踪 ID 可以跟踪一个网站，也就是说一个账号可以为多个网站提供数据统计服务。

单击"下一步"按钮，添加网络媒体资源名称，网络媒体资源名称通常设置为要跟踪的网站的名称，如图 5-24 所示。

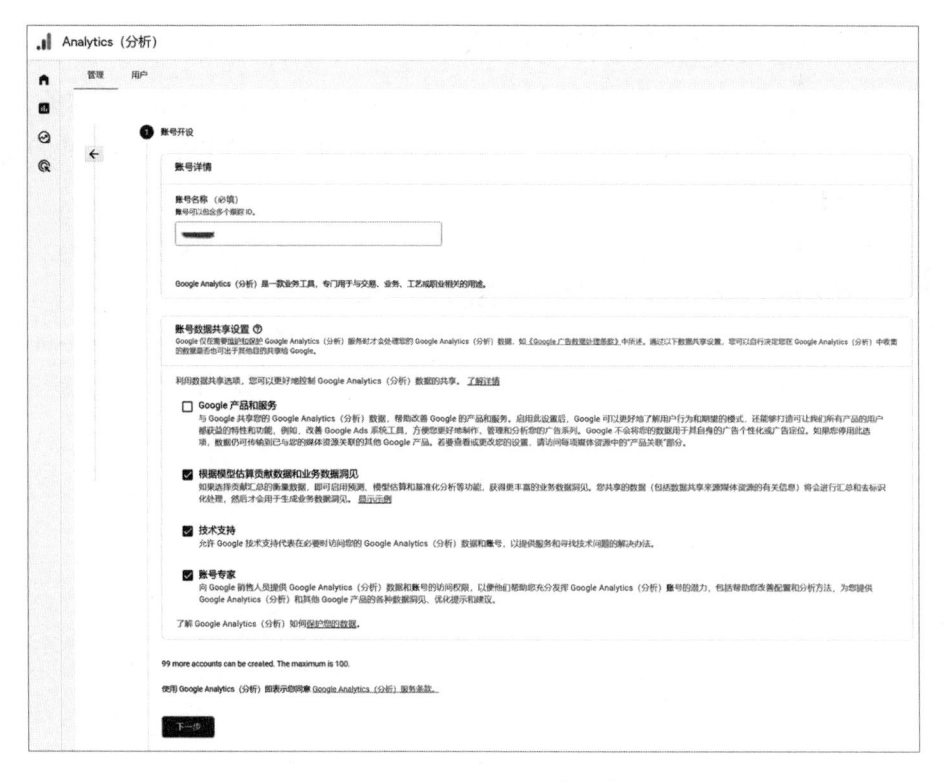

图 5-23 添加 GA4 账号名称

图 5-24 添加网络媒体资源名称

单击"下一步"按钮，完善业务信息，根据网站的实际情况选择相应内容，如图 5-25 所示，然后单击"创建"按钮，接受服务条款协议后就可以开始使用 GA4 提供的服务了。

进入"开始收集数据"页面，目前 GA4 可以针对网站和手机应用进行数据收集和分析，这里我们选择"网站"选项，如图 5-26 所示。

随后进入"设置数据流"页面，如图 5-27 所示，填入网站网址和数据流名称，其中增强型衡量功能默认开启即可。

至此，GA4 账户已经创建完毕，数据流已经开通，"数据流详情"页面如图 5-28 所示。接下来，需要将 GA4 账户和 Shopify 进行绑定，这样才能获取网站流量的详细数据。

图 5-25 完善业务信息

图 5-26　选择收集数据的来源

图 5-27　设置数据流

图 5-28　"数据流详情"页面

2. 在 Shopify 后台添加 GA4 标签

登录 Shopify 后台，执行"在线商店"→"偏好设置"命令，在"Google Analytics"模块单击"在此处管理像素代码"按钮，如图 5-29 所示。

图 5-29　单击"在此处管理像素代码"按钮

进入页面后，在"关联您的 Google 账号"模板单击"关联"按钮，如图 5-30 所示。选择网站对应的"Google Analytics（分析）媒体资源"进行关联，至此 Shopify 与 GA4 账户完成了关联，卖家独立站的各项数据正式与 GA4 共享。

图 5-30　在 Shopify 后台关联 GA4

以后只需要登录 GA4，就可以分析 Shopify 店铺的流量数据了，GA4 分析页面如图 5-31 所示。GA4 里的每个功能模块都有详细的帮助文件可以参阅，这里就不一一介绍了。

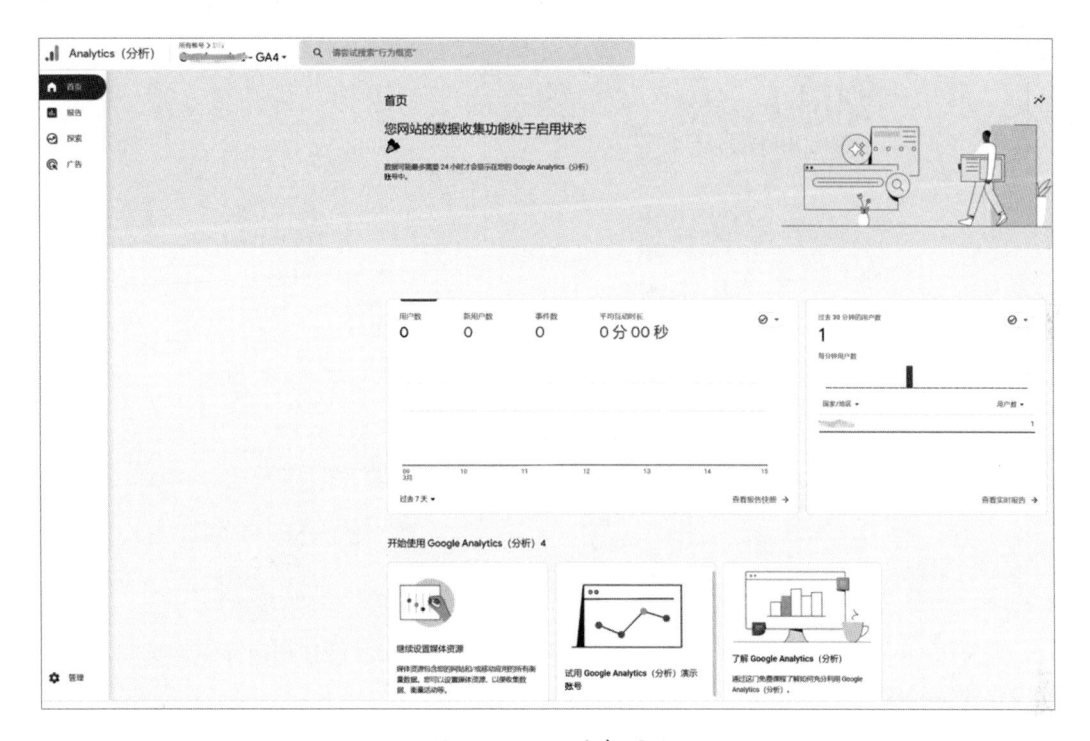

图 5-31　GA4 分析页面

5.8.3　为网站开通 Google Search Console

Google Search Console 最早的名称是 Google Webmaster Tool（网站管理工具），是 Google 开发的免费 SEO 工具，如图 5-32 所示。Search Console 内有 Google 官方提供的数据，是 SEO 和 Google 互动的渠道。

Search Console 的主要功能有以下几种。

（1）提供 SEO 的成效分析，是 Google 官方提供的资料（展示次数、点击次数和排名）。

（2）提交网站地图，让 Googlebot 抓取网站。

（3）遇到与网站相关的索引编制、垃圾内容或其他问题时收到提醒。

（4）显示外部链接。

（5）监测 SEO 相关的技术工作是否正确使用。

（6）针对加速移动页面（Accelerated Mobie Pages，AMP）在移动设备上的易用性和其他搜索功能排查问题。

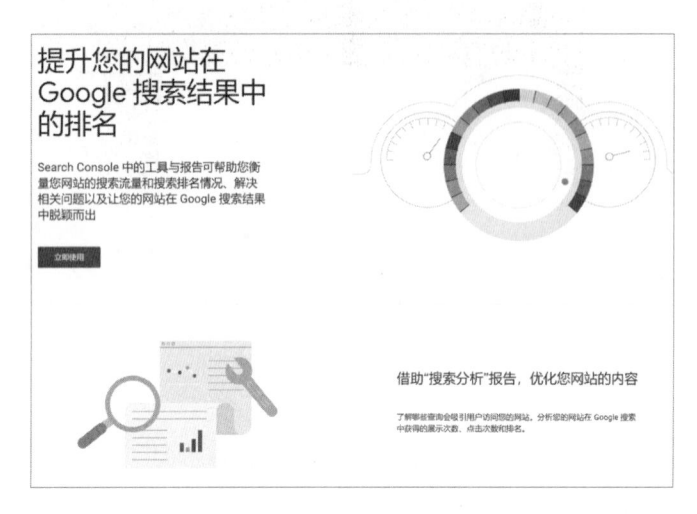

图 5-32　Google Search Console

需要用 Google 账户登录 Google Search Console，如果是首次使用，需添加资源，通过网域或网址前缀验证网站所有权，如图 5-33 所示。

图 5-33　添加资源

输入完网域或网址前缀后，单击"继续"按钮，会跳出"验证所有权"的窗口，提供了 5 种验证方式，可以根据自己的需要进行验证，如图 5-34 所示。

图 5-34　验证所有权

验证完毕后，进入 Google Search Console 后台管理界面。

打开"概述"页面，可以看到网站 Google 搜索的效果、编制索引、体验、购物、增强功能，如图 5-35 所示。

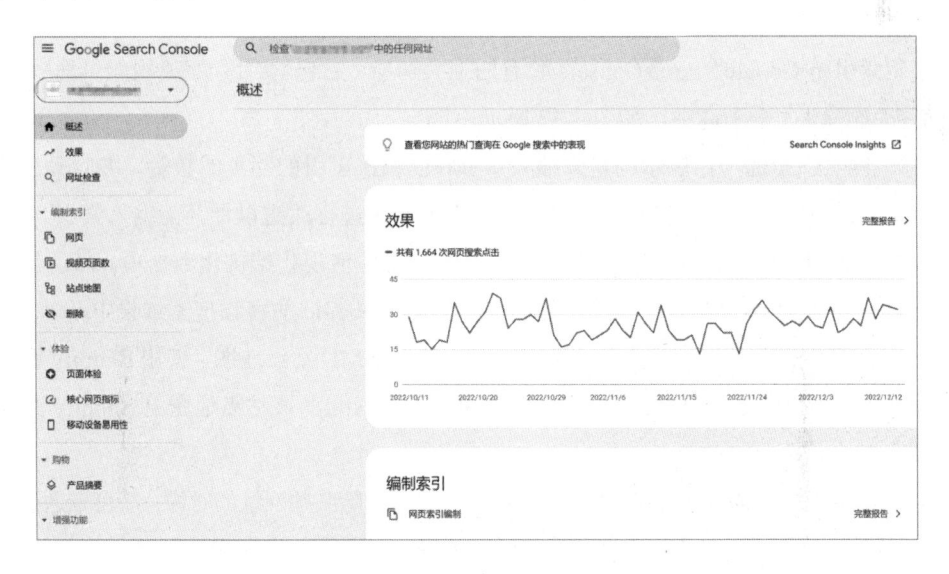

图 5-35　"概述"页面

单击"效果"后的"完整报告"按钮，进入"效果"页面，可以看到网站的总点击次数、总曝光次数、平均点击率、平均排名等信息，并能够查看关键词的查询数、网页、国家/地区、设备等信息，如图 5-36 所示。

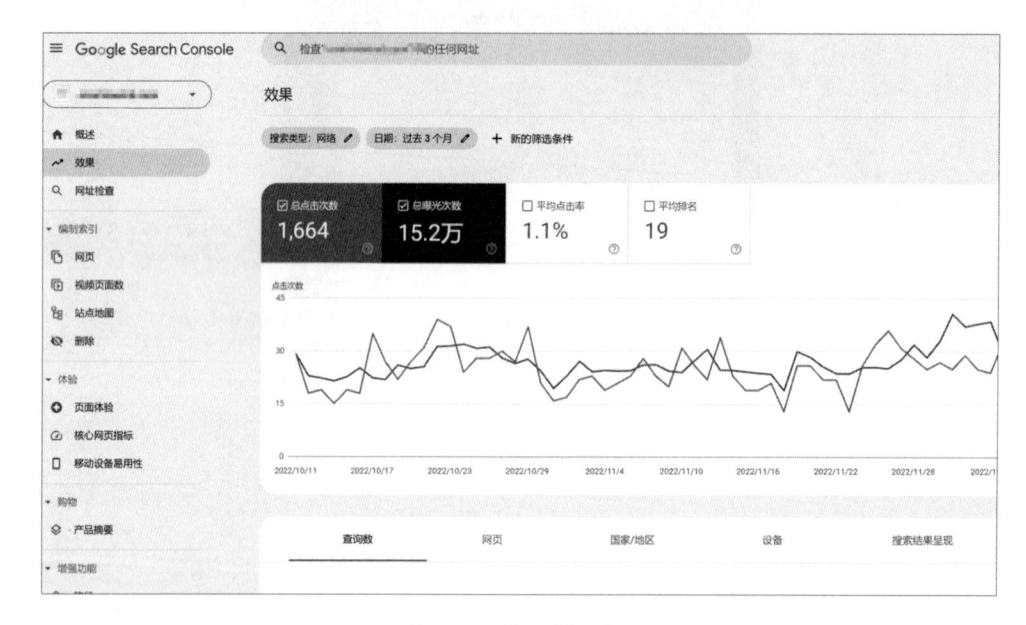

图 5-36　"效果"页面

编制索引是 Google Search Console 独有的强大功能，它包含"网页""视频页面数""站点地图""删除"4 个子选项，如图 5-37 所示。

（1）"网页"子选项：展示的是未编入索引和已编入索引的网页的数量，并且列出了未编入索引的详细原因，这样站长就可以有针对性地对其进行改进以便其能编入索引。

（2）"视频页面数"子选项：如果在网站上找到了任何视频结构化数据项，就会被编入 Google 的视频索引中，被编入索引的视频将会显示在 Google 的视频搜索结果中。

（3）"站点地图"子选项：通过这个选项可以提交 XML 站点地图，使用 Shopify 系统的网站的默认站点地图是 https://www.×××.com/sitemap.xml，该站点地图由 Shopify 系统自动生成。

（4）"删除"子选项：当卖家想要从 Google 索引中删除某些网址的时候，就可以通过该子选项来实现。

"体验"报告提供了网站的用户体验摘要。Google 会通过"页面体验""核心网页指标""移动设备易用性"3 个子选项来评估各个网址的网页体验指标,这些指标也是网址在 Google 搜索结果中的排名衡量因素,如图 5-38 所示。

另外,Google Search Console 还具有购物、增强功能等选项,详情可参阅帮助文件。

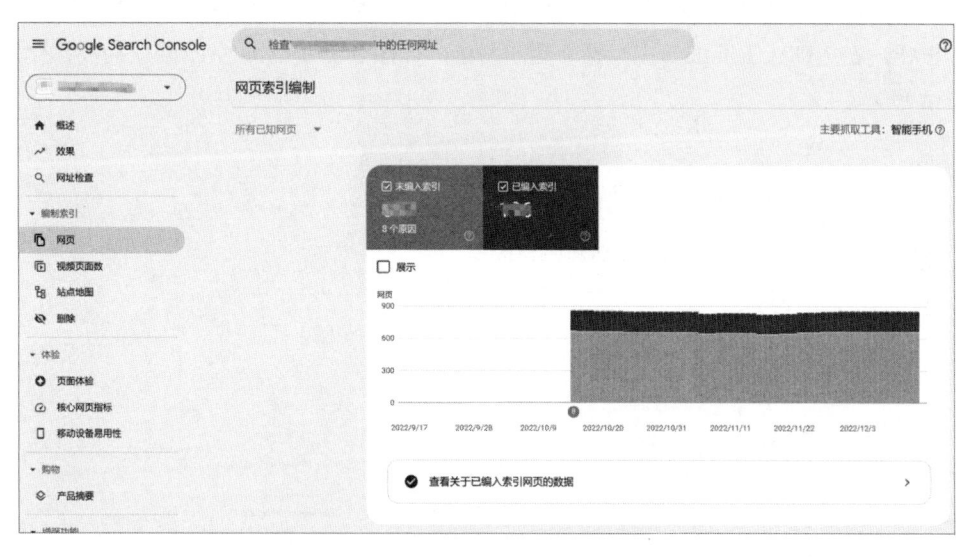

图 5-37 "编制索引"下的 4 个子选项

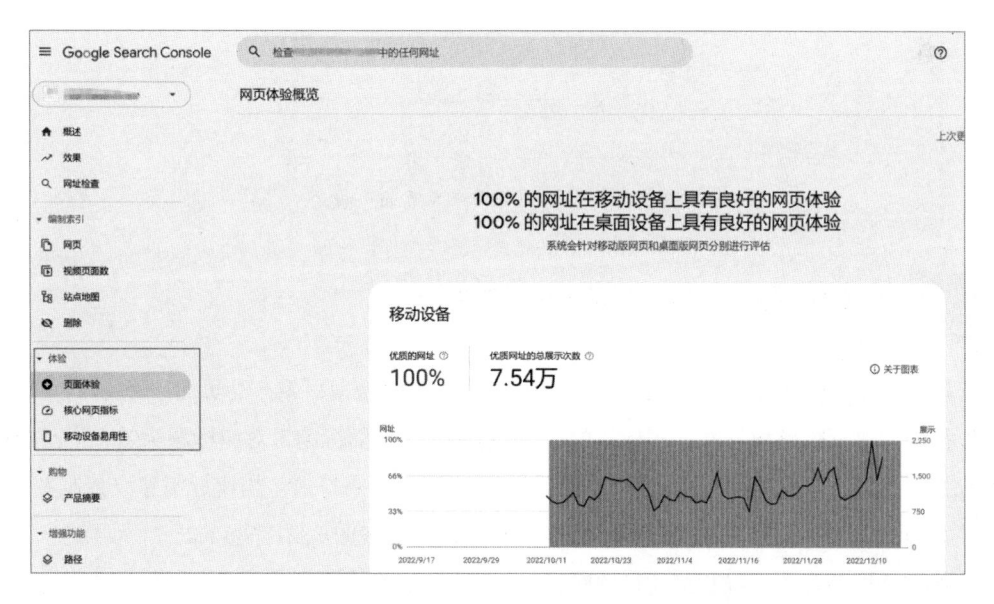

图 5-38 "体验"下的 3 个子选项

5.8.4 网址的优化

网址对搜索引擎友好有利于提高网站的排名，Shopify 提供了可优化网址的模块。我们以产品页面的网址优化为例，在产品编辑页面中，找到"搜索引擎产品页面"模块，单击"编辑"按钮，在"URL handle"文本框中更改网址，如图 5-39 所示。关于网址的规范化和优化，请参阅 5.4.4。

图 5-39　"搜索引擎产品页面"模块

5.8.5 优化标题标签和描述标签的内容

以 Shopify 的产品页面为例，在产品编辑页面找到"搜索引擎产品页面"模块，单击"编辑"按钮，进行标题标签和描述标签的编辑。其中，"页面标题"对应标题标签，"元描述"对应描述标签。网站中所有的标题标签建议控制在 60 个字符内，描述标签建议控制在 160 个字符内。关于标题标签和描述标签更多优化建议，请参阅 5.5.1 和 5.5.2。

网站首页的标题标签和描述标签是站内 SEO 最重要的部分，要编辑这两个元素，打开

Shopify 后台，执行"在线商店"→"偏好设置"命令，在"标题和元描述"模块中编辑即可，如图 5-40 所示。

图 5-40　编辑标题和元描述

商品目录的标题标签和描述标签的修改路径："产品"→"产品系列"→"相应商品目录"，在"搜索引擎产品页面"模块中修改"页面标题"和"元描述"，如图 5-41 所示。

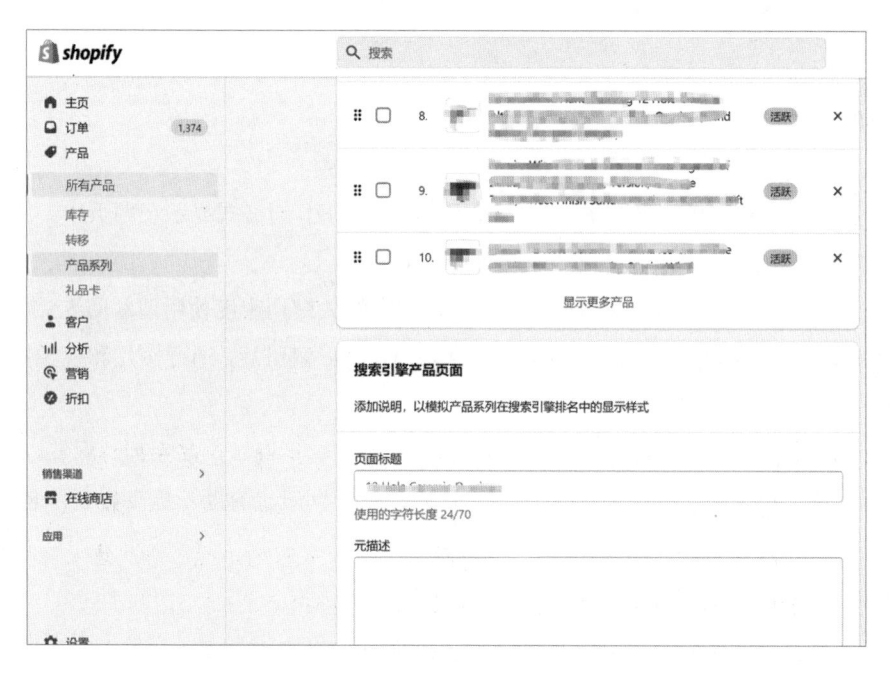

图 5-41　编辑商品目录下的页面标题和元描述

5.8.6 优化产品页面正文的内容

在 Shopify 后台执行"产品"→"添加产品"命令,进入"添加产品"页面,进行正文的添加与修改,如图 5-42 所示。

图 5-42 "添加产品"页面

"标题"文本框中填写产品的标题,产品标题会以 H1 的格式显示在网页中,所以产品标题需要优化关键词,H 标签的使用请参阅 5.5.4。

"描述"文本框中添加产品的正文内容,正文中的关键词密度使用请参阅 5.5.3。

"媒体文件"文本框中添加图片和视频,编入 Google 索引后,通过图片和视频搜索也能带来可观的流量。

在"产品整理"模块中,设置产品类别、产品类型、厂商、产品系列、标签。

产品页面完善得越细致,越有利于改善用户体验,同时也有助于提高搜索排名。

5.8.7 优化图片 Alt 标签

在"添加产品"页面的"描述"文本框中,双击正文中的图片,打开"编辑图片"对话框,在"图片替代文本"文本框中输入包含产品关键词的文本,也就是 Alt 标签,如图 5-43 所示,Alt 标签的使用请参阅 5.5.5。

图 5-43　添加 Alt 标签

5.8.8　根据长尾关键词创建博客

通过 5.3.4 的学习,我们已经掌握了如何寻找和有效使用长尾关键词的方法。接下来,我们需要将长尾关键词应用到博客文章中,让它们为独立站吸引流量。

如图 5-44 所示,在 Shopify 后台执行"在线商店"→"博客文章"→"添加博客文章"命令,我们就可以添加博客文章了。

图 5-44　添加博客文章

本章习题

一、选择题

1. 单选题

（1）搜索引擎结果页面的英文简称是（　　）。

A．SEO　　　B．SEM　　　C．SEC　　　D．SERPs

（2）关于 Googlebot 抓取网站站点地图的说法，下列（　　）是错误的。

A．使用 Ping 命令提交站点地图

B．使用 Google Search Console 提交站点地图

C．只要把站点地图文件放在根目录里，Googlebot 会自动抓取

D．在 robots.txt 文件中加入站点地图文件

（3）以下关于长尾关键词的说法，错误的一项是（　　）。

A．只有很多关键词组成的词或短语才能算是长尾关键词

B．长尾关键词虽然搜索量少，但是相对来说更容易取得搜索排名

C．可以使用 Google 的相关搜索功能寻找长尾关键词

D．长尾关键词是指每月获得少量搜索的关键词或短语，通常具有较高的订单转化率

（4）以下对网站 Google 排名没有正面影响的因素是（　　）。

A．提高服务器稳定性

B．对网站的标题标签内容进行优化，使其更具可读性

C．在正文中大量重复使用关键词，提高该页面的搜索排名

D．提高网站内容更新频率

（5）以下（　　）被认为是作弊行为。

A．与很多相关站点互换友情链接

B．加入很多目录站

C．向很多不相关的站点购买链接

D．在相关论坛里发布带有网站链接的帖子或签名

（6）决定站外 SEO 质量好坏的因素，不包括（　　）。

A．外部链接的域名数量

B．网站标题标签和描述标签的优化

C．外部链接的权重

D．外部链接的内容相关性

2．多选题

（1）关于 robots 文件和相关命令，以下说法错误的是（　　）。

A．一个网站可以放多个 robots 文件

B．disallow 用来告诉 Googlebot 不要访问的内容

C．robots 文件可以存放在网站的任何位置

D．robots 文件只能使用 txt 文件格式

第6章

独立站搜索引擎的付费推广

独立站除了进行 SEO 吸引免费流量，还有一个重要的引流渠道就是搜索引擎付费推广。作为世界用户量最多的搜索引擎，Google 的搜索量是毋庸置疑的，除了 Google，还有一些本地化的搜索引擎，本章会简单介绍一下世界主要的搜索引擎付费推广渠道。

6.1　Google Ads

6.1.1　Google 简介

Google 由斯坦福大学博士 Larry Page 和 Sergey Brin 于 1998 年以私营公司形式创建，于 2004 年 8 月 19 日在纳斯达克上市。目前，Google 是全球公认的最大的搜索引擎，在全球有 20 多处分支机构或办事处，覆盖 200 多个国家与地区，用户规模、访问量均为行业第一，尤其在大部分欧洲国家和美洲国家中占据绝对的第一名。

Google Ads 是 Google 拥有和运营的在线广告平台，也是 Google 的主要收入来源，发布于 2000 年 10 月 23 日。基于 Google 庞大的用户群体，Google Ads 也是全球规模最大、使用最广泛的在线广告平台，数百万家的企业在 Google Ads 上投放广告，吸引潜在的客户群体。

Google Ads 现在拥有购物广告、搜索广告、发现广告、视频广告、展示广告、智能广告等多种广告形式，购物广告和搜索广告如图 6-1、图 6-2 所示。

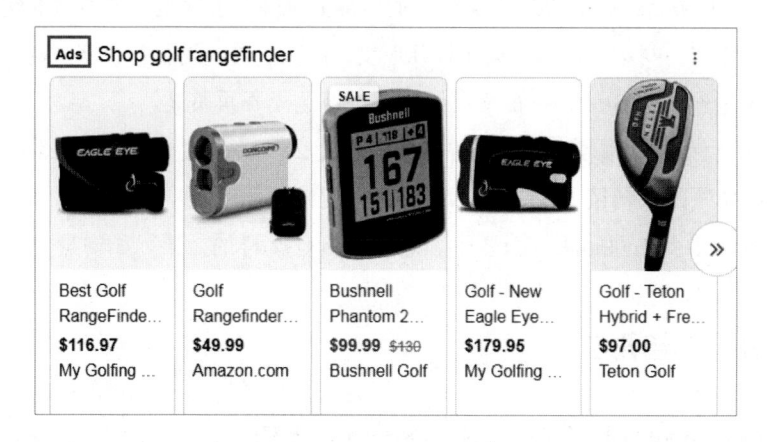

图 6-1　购物广告

图 6-2　搜索广告

6.1.2　前期准备工作

卖家可以通过国内 Google 代理商开通 Google Ads 账户也可以自己开通 Google Ads 账户，有 Google 账户即可开通，拥有 Google 账户最简单的办法是注册 Gmail 邮箱。个人建议通过国内 Google 代理商开通账户。首先，如果是新手，自己开通账户后遇到各种操作问题难以从官方客服那里得到及时全面的解答，而与国内 Google 代理商的客服沟通交流更方便。其次，代理商和 Google 关系密切，能从 Google 官方获得最新的信息和一些优惠、扶持政策，因此也能为名下的优质客户提供更好的扶持。

开通账户的同时还需要做好以下准备工作。

（1）VPN，即虚拟专用网络，是进入 Google Ads 的前提条件。VPN 软件有免费的也有付费的，一般来说，免费的软件有使用时间或网速限制，线路不稳定，建议使用付费的 VPN 软件，费用为 200~300 元/年。

（2）合适的网站。Google Ads 各类广告的最终着陆页，也就是客户访问的网页是网站的各个网页，要考虑到网站的语言、页面打开速度、排版、内容是否符合客户的习惯，满足他们的需求。关于网站的 SEO，在前文已经讲解过，这里不再赘述。

（3）产品目标市场/预算。要确定你销售的是什么产品，这些产品有什么特点可以吸引客户；产品在哪些国家畅销、容易成交，如印度、巴基斯坦的客户询价比较多，但是成交率较低；准备投入多少在 Google Ads 上面，希望达到什么样的效果，如询盘数量。

6.1.3　常见广告形式

目前，Google Ads 的广告形式包括购物广告、搜索广告、发现广告、视频广告、展示广告、智能广告、效果最大化广告、应用广告等。下面主要讲解一下独立站卖家常用的几种广告形式。

1. 购物广告

购物广告如图 6-1 所示，用户可以看到产品图片、名称、售价、品牌、优惠信息等内容。这些展示出来的明确的产品信息可以使用户在点击广告前就充分了解销售的产品，从而将购买意向更明确的用户带到店铺。在设置购物广告之前，卖家需要注册 Google Merchant Center（谷歌商家中心）账户，注册页面如图 6-3 所示，将 Google Ads 账户与 Google Merchant Center 账户关联后，店铺的产品数据就可以从 Google Merchant Center 传递到 Google Ads 以供广告系列使用。卖家不用撰写广告描述语，也不用选择关键词，只用在 Google Merchant Center 上传产品数据，这些产品数据可以用来设置动态再营销广告、本地产品目录广告等。

Google Merchant Center 产品数据决定了广告的展示方式和展示位置，一般按点击付费。购物广告由出价、关联度和历史表现数据决定排名。

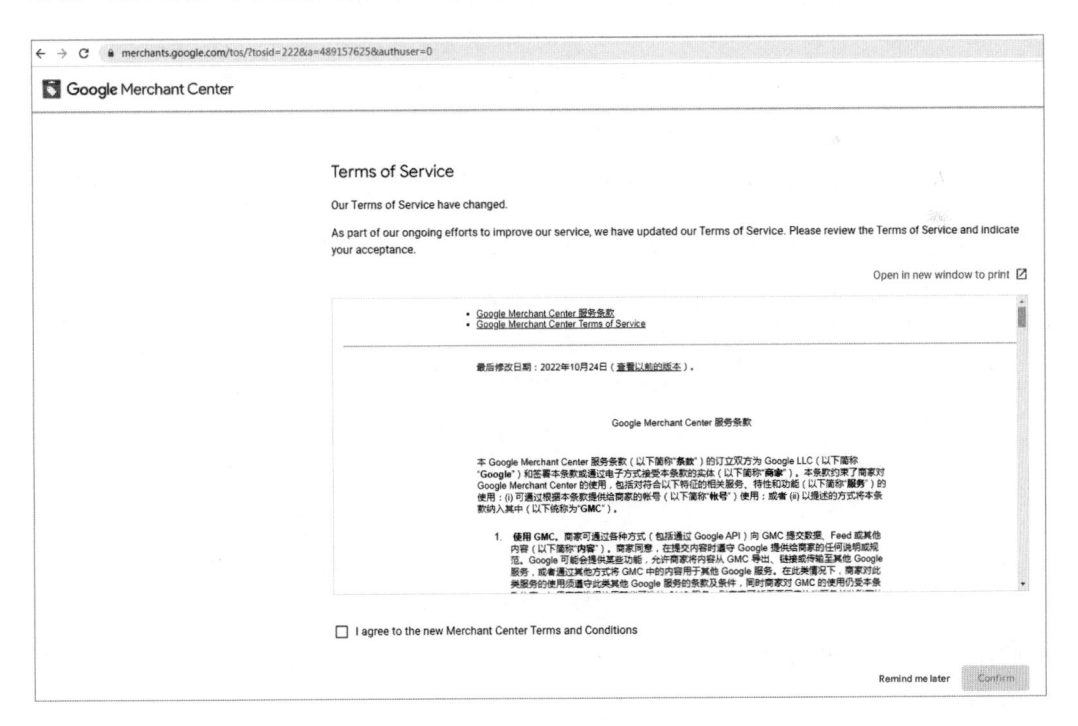

图 6-3　Google Merchant Center 注册页面

2. 搜索广告

搜索广告是 Google 最重要的广告形式，是在 Google 搜索结果中投放的文字广告。用户搜索想要的产品或服务，如果你设置的关键词与其搜索的关键词相匹配，你的产品或服务便会展示在其面前。搜索广告又包括两种展现形式：自适应搜索广告，即可自动根据具体用户灵活调整向他们展示的相关广告；动态搜索广告，向搜索相关内容的用户展示网站即时生成的广告。搜索广告按照点击付费。

自适应搜索广告如图 6-4 所示，广告内容由显示路径、标题、描述、关键词、附加信息、最终到达网址组成。自适应搜索广告是我们常见的广告展示形式。

图 6-4　自适应搜索广告

动态搜索广告如图 6-5 所示，需要针对产品或服务填写两段 90 个字符内的广告内容描述，这些描述会出现在显示网址的下方。广告内容描述及广告中的其他组成部分（如附加信息）会根据用户所用的不同设备而以不同的组合方式显示，并根据 Google Ads 的预计，即以某种组合方式可提升广告效果时，进行相应的调整。

图 6-5　动态搜索广告

3. 发现广告

相比于其他广告形式，发现广告可以覆盖更多的受众群体。一个广告系列可以在 YouTube、Google 探索等众多优质广告空间向设定的目标受众推送广告，按照点击付费，每次点击费用非常低。受众群体可以通过"自定义受众群体""再营销""兴趣和详细受众特征"等模块进行设置，如图 6-6 所示。

发现广告又包括两种展现形式，如图 6-7 所示，一种是轮播式发现广告；另一种是发现广告，展现形式和展示广告类似。

发现广告会根据选择的营销目标、出价和预算，自动完成多项广告系列设置，因此采用发现广告的卖家无法控制广告的投放方式、设备定位、人工出价、展示位置定位、频次上限等。为了达到较好的广告效果，创建的发现广告至少需要运行 1 周。

图 6-6 受众群体设置

图 6-7　发现广告的展现形式

4．视频广告

视频广告可以在 YouTube 视频中及 Google 视频合作伙伴的网站和应用中展示，图 6-8 是视频广告的一种形式。视频广告的形式有可跳过的插播广告、不可跳过的插播广告、信息流视频广告、导视广告、外播广告、标头广告等。根据广告展示次数、播放时长、观看者点击行为付费，大部分的视频广告是根据展示次数付费的。其中，标头广告只能通过 Google 销售代表以预订方式进行投放，而且费用很高，一般卖家无法承担。

独立站卖家常用的是可跳过的插播广告，有利于向对产品有较强兴趣的用户推销产品。因为可跳过的插播广告在播放 5 秒钟之后，观看者如果对此没有兴趣就可以选择跳过，卖家就不必为观看者这次的观看付费。

图 6-8　视频广告的一种形式

5. 展示广告

展示广告具有庞大的覆盖面，可以覆盖超过 3500 万个网站和应用，以及 Google 自有资源（YouTube、Gmail）上的所有用户，通常显示在页面的顶部或两侧，有时也会出现在页面的中央，如图 6-9 所示。展示广告通常由徽标、图片、视频、标题、描述组成。展示广告原来包括标准型展示广告和智能型展示广告两种，后来这两种形式统一改为自适应展示广告，原有广告内容、效果不变。

图 6-9　展示广告

自适应展示广告可根据上传的素材（图片、标题等）自动调整广告的尺寸、外观和格式，几乎可以适应所有可用的广告空间，以吸引更多访客，提高转化效果。制作展示广告时，平台会要求定位目标受众，也就是设定什么样的客户可以看到你的广告。如图 6-10 所示，可以仅采用优化型定位，也可以采用优化型定位加上更详细的定位条件来定位目标受众，或者仅采用更详细的定位条件。为了将广告展示在尽可能精准的客户面前，推荐使用优化型定位加上更详细的定位条件来定位目标受众。

图 6-10　定位目标受众

6.1.4 有用工具介绍

1. Google Trends

Google Trends 即谷歌趋势，通过这个工具卖家几乎可以实时了解世界各地的用户正在搜索哪些主题、这些主题在哪些地区搜索热度高，Google Trends 首页如图 6-11 所示。输入关键词，可以查看关键词在全球或某个国家的搜索热度，也可以查看过去某个时间段搜索热度曲线变化等情况，搜索"electric blanket"（电热毯）产生的页面如图 6-12 所示。卖家选品时，如果产品关键词在目标市场的搜索热度低于 50，这个产品就不用考虑了。

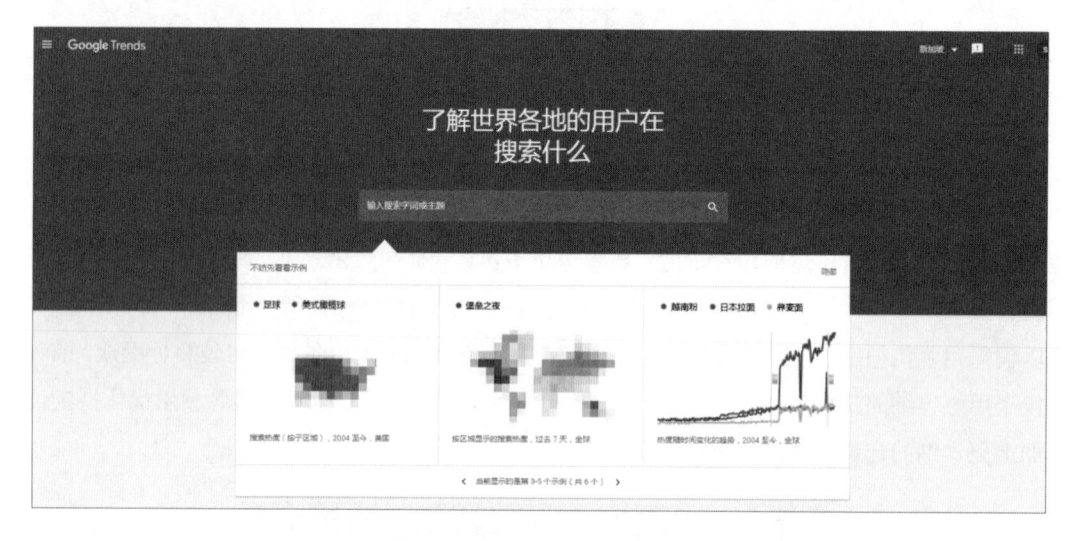

图 6-11　Google Trends 首页

2. GA4

如图 6-13 所示，GA4 会自动收集网站所有访客信息，协助卖家更好地分析广告投放效果。只要设定好衡量网站的用户互动和事件，将 Google Ads 账号与 GA4 媒体资源相关联后，卖家便可以从 GA4 媒体资源中导入转化数据，精准了解各广告系列的销售效果。

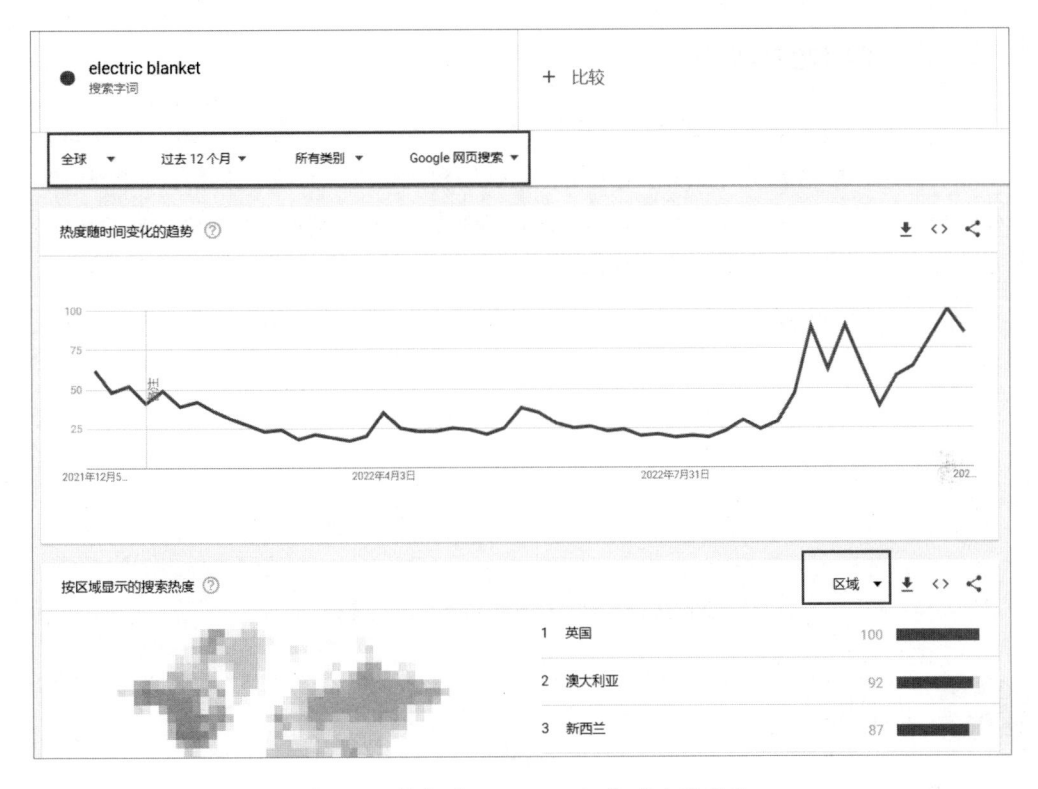

图 6-12　搜索 "electric blanket" 产生的页面

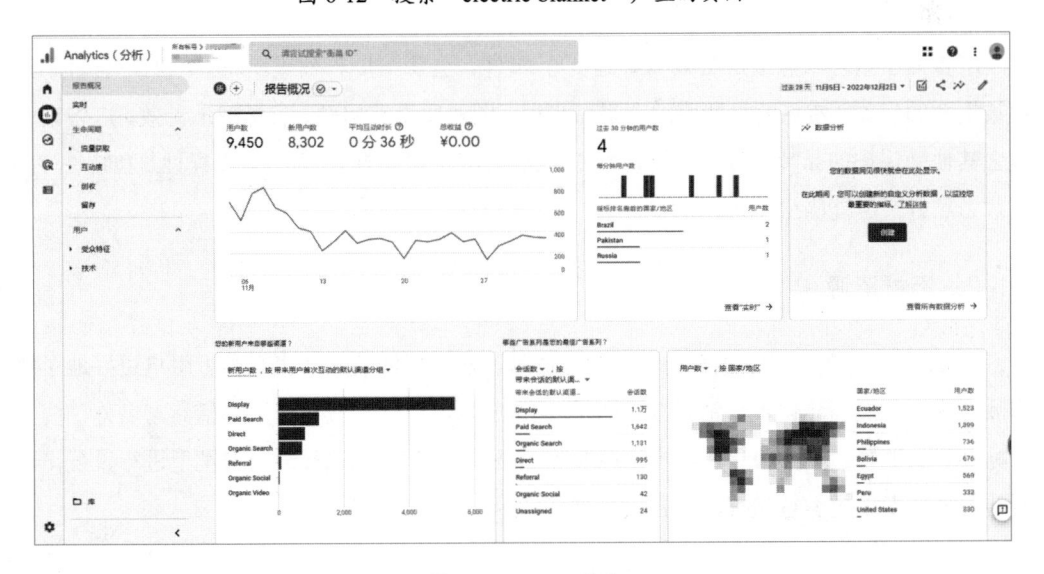

图 6-13　GA4 页面

3. Google Tag Manager

Google Tag Manager 即谷歌跟踪代码管理器,如图 6-14 所示。通过 Google Tag Manager,卖家可以快速轻松地更新网站或移动应用上的代码和代码段,如用于流量分析和营销优化的代码和代码段。将不同的代码安装在网站的不同部分,可以帮助卖家获得更好的数据。

图 6-14 谷歌"跟踪代码管理器"页面

6.1.5 操作技巧

1. 广告状态和效力

广告处于拒登状态或广告效力不是良好/极佳,会影响广告效果。新上线的广告容易出现被拒登的现象。常见的拒登原因有拼写错误、图片质量有问题、目标网址无效、广告语中包含其他受保护的品牌词等。广告效力可以从侧面反映广告的相关性、多样性、独特性,广告效力越好,越能吸引用户。

2. 素材资源

Google 的很多广告形式都会使用素材资源,素材资源的添加也有利于用户更好地了解产品与服务,提高转化率和销售额。如图 6-15 所示,目前,素材资源包括商家名称、商家徽标、附加链接、宣传信息、结构化摘要等 10 种,卖家可以选择适合的类型进行设置,设置的类型越多、内容越完善,广告效果越好。

图 6-15　素材资源

3. 效果衡量

投放广告都是为了获得更大的影响力、更多的销售额，因此要根据广告的效果进行调整。卖家要定期分析账户数据，要知道客户搜索哪个关键词进入的店铺、哪个关键词或哪一条广告带来了成交、广告花费占销售额的比例、一般投入产出比是多少等，不能盲目地进行广告投放。

6.2　Yandex

6.2.1　Yandex 简介

根据中华人民共和国商务部的统计数据，截至 2021 年，中国已经连续 12 年是俄罗斯的第一大贸易伙伴国，因此中国卖家一定不能忽视俄罗斯市场。Yandex 是俄罗斯使用率最高、最流行的搜索引擎，远超 Google，也是东欧其他使用俄语国家普及的搜索引擎。

Yandex 有详尽的分类目录，所提供的服务包括游戏、图片、视频、地图等，Yandex 首页如图 6-16 所示。不管是语言、使用人数、本土化等方面，还是提供的各项配套服务，Yandex 在俄语市场上占有绝对的优势。Yandex 在 1997 年创立，2000 年成为一个独立公司，2011 年在纳斯达克上市。

使用 Yandex 销售产品可推广的国家除俄罗斯外，还包括白俄罗斯、爱沙尼亚、拉脱维亚、立陶宛、摩尔达维亚、格鲁吉亚、亚美尼亚、阿塞拜疆、哈萨克斯坦、乌兹别克斯坦、吉尔吉斯斯坦、土库曼斯坦、塔吉克斯坦等。

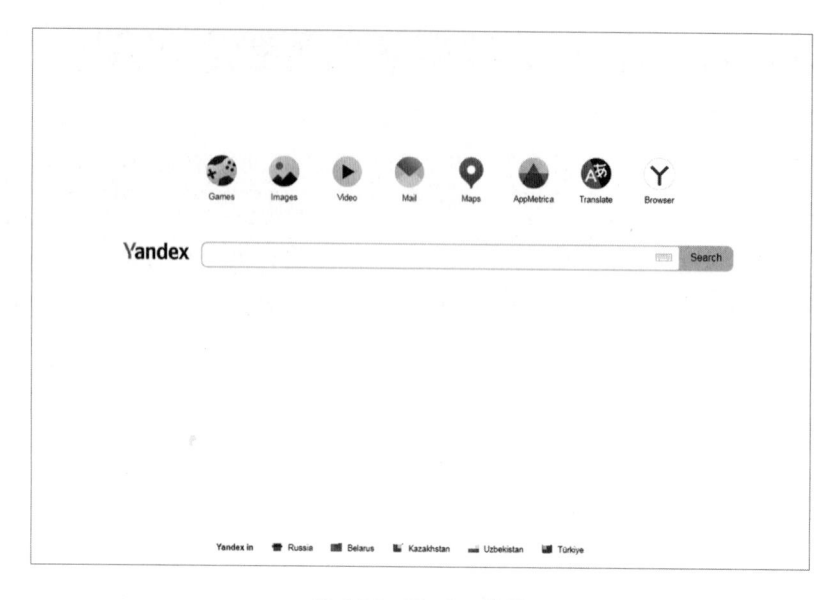

图 6-16　Yandex 首页

6.2.2　前期准备工作

卖家可以通过国内代理商开通账户也可以自己开通账户，如图 6-17 所示，单击 "Get Started" 按钮便可以注册。访问 Yandex 不需要 VPN，国内网络可以直接访问；也不需要注册 Yandex 邮箱，国内邮箱和国内电话便可注册，填写电话号码时注意加上 "+86" 国际电话区号，注册页面如图 6-18 所示。当然，还是推荐通过国内代理商开通账户。

图 6-17　单击 "Get Started" 按钮

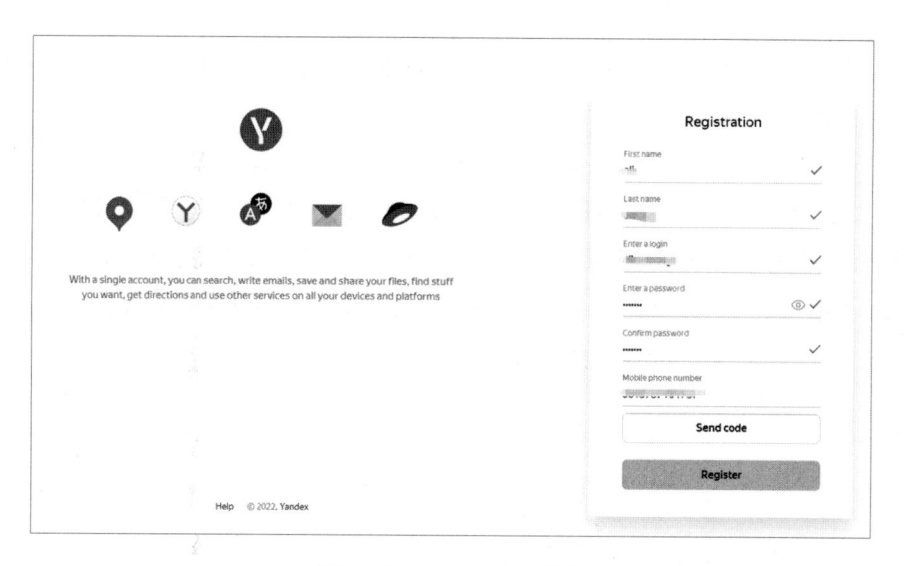

图 6-18 Yandex 注册页面

开通账户的同时还需要做好以下准备工作。

（1）一个经过优化的俄语网站。在熟悉网站语言的情况下，客户购买率能提高很多。因此所推广的网站的语言最好是俄语，如果有条件，可以请俄罗斯人对网站进行本地化翻译。除语言外，域名、页面打开速度、移动端适配、内部链接等方面也需要注意，尤其是要将具有转化功能的模块放在网站显眼的地方，如产品价格、联系方式、付款等，并测试这些模块是否可以正常运转。

（2）注册 Yandex.Metrica 计数器，将计数器代码安装在网站的所有页面上并设置好转化目标，以方便后续创建广告系列。

（3）选择销售的产品，并准备产品的俄语关键词、视频、图片。某些类型的产品和服务只有在满足特定要求的情况下才能进行广告宣传，如酒类产品、烟火设备、化妆品、烟草产品、药品、眼镜等。俄语关键词的筛选可以通过 Wordstat 关键词工具筛选确认，这一部分会在 6.2.4 中详细介绍。

（4）在 Yandex Business 中创建公司信息，将公司添加到 Yandex 企业名录中去。

6.2.3 创建广告

Yandex 广告分为搜索广告和网盟广告两大类，每类广告又有不同的广告形式。搜索广告的形式有文字图像广告、动态广告、搜索横幅广告、移动应用广告等；网盟广告的形式有智能横幅广告、文字图像广告、移动应用广告、视频广告、展示广告等。这里主要介绍文字图像广告的创建。

创建文字图像广告时，除了纯文本，还可以添加图像、视频等以丰富展现形式，还可以选择优先在移动设备上投放。优质的产品图像不但可以为广告赢得更多关注，还有助于用户即刻理解卖家提供的产品和服务。纯文本形式的文字图像广告如图 6-19 所示。

图 6-19　纯文本形式的文字图像广告

创建文字图像广告的步骤如下。

（1）如图 6-20 所示，单击 3 处任何一处按钮转到广告创建页面开始设置参数。如图 6-21 所示，输入网站网址（框1），选择"专家模式"（框2）和广告目标"转换、销售和流量"（框3）。

（2）选择投放的广告位及出价策略。广告位有 3 个选项可以选择：Yandex 搜索和 Yandex 广告网络、Yandex 搜索、Yandex 广告网络（Yandex 网盟广告与外部广告网络）。对于首次创建广告的卖家来说，建议在所有的网站上投放广告，以便在推广前期获取足够多的访客信息。当然也可以仅选择在 Yandex 搜索上投放，另外建立网盟广告。

（3）设置广告策略和预算，添加转化目标，设置广告的开始日期和结束日期，添加否定关键词。

图 6-20　创建广告

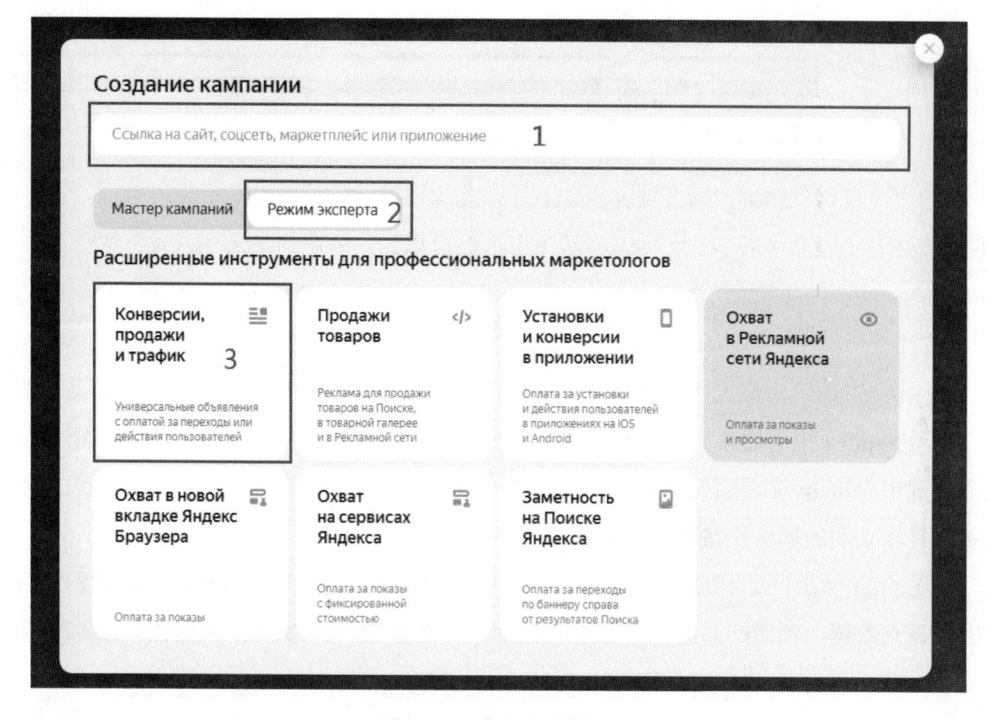

图 6-21　广告创建页面

（4）在广告中添加联系方式，即从 Yandex Business 提取公司联系方式添加到广告中。选择广告展示地区，添加关键词，撰写广告标题和文案向潜在客户介绍销售的产品或服务，输入广告落地页，添加附加链接、附加宣传信息，即完成广告创建。

（5）创建广告后，审核员会审核广告，以确保广告内容符合 Yandex 的平台规则。Yandex 将向卖家创建广告时提供的电子邮箱发送审核结果。广告审核通过后就可以进行投放。

6.2.4　有用工具介绍

1. Wordstat

Wordstat 可作为选择俄语关键词的工具。Wordstat 首页如图 6-22 所示，界面语言可以在英语、俄语、土耳其语、乌克兰语之间转换。输入关键词可以查看与关键词相关的一些词语，还可以查询关键词在一些地区的搜索数据及历史数据。

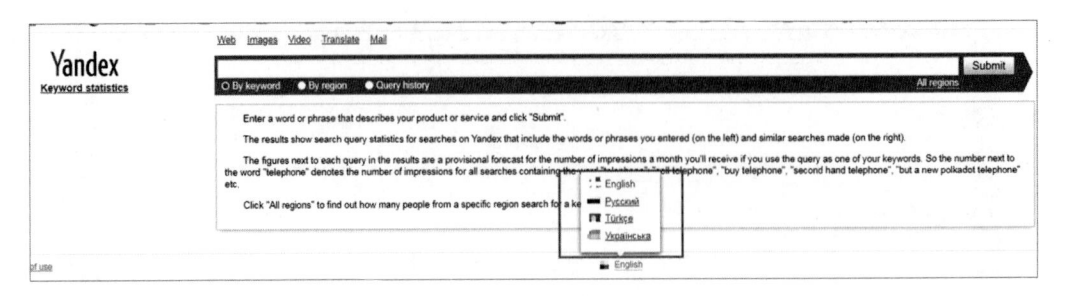

图 6-22 Wordstat 首页

如图 6-23 所示，输入"станок"（机床），单击"Submit"按钮，结果显示为两列，皆为 Yandex 上的搜索查询统计信息，左列显示的是和输入的关键词一样的词语和包含这个关键词的短语，右列显示的是与关键词类似的词语或短语，每个词语或短语后边的数字是对每月将收到的展示次数的临时预测。

如图 6-24 所示，显示的是"станок"在 Yandex 上的历史查询数据。我们可以根据历史查询数据，判断产品的需求旺季和淡季，在旺季增加投入，以获得更多的客户。

图 6-23 搜索"станок"（机床）显示的数据

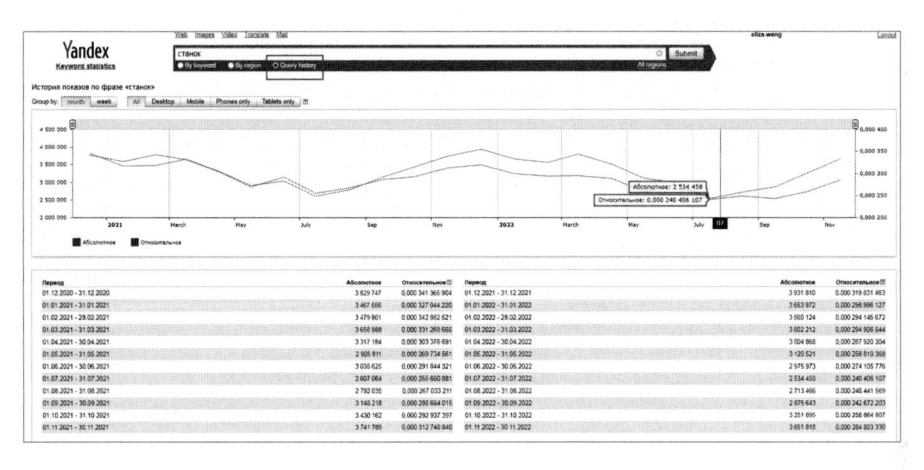

图 6-24 "станок"的历史查询数据

2. Yandex Metrica

Yandex Metrica 是 Yandex 的数据分析工具，后台页面如图 6-25 所示，相当于 Google 的 GA4。卖家将 Yandex Metrica 代码安装到网站上，便可对网站访客进行分析，清楚地了解访客什么时候进入网站、来自哪个国家、通过什么渠道进入网站、访问了什么页面、在一个页面停留了多长时间等行为。这样卖家就可以根据访客的行为轨迹，以及账户记录的各项数据，进一步优化网站，提高成交率。

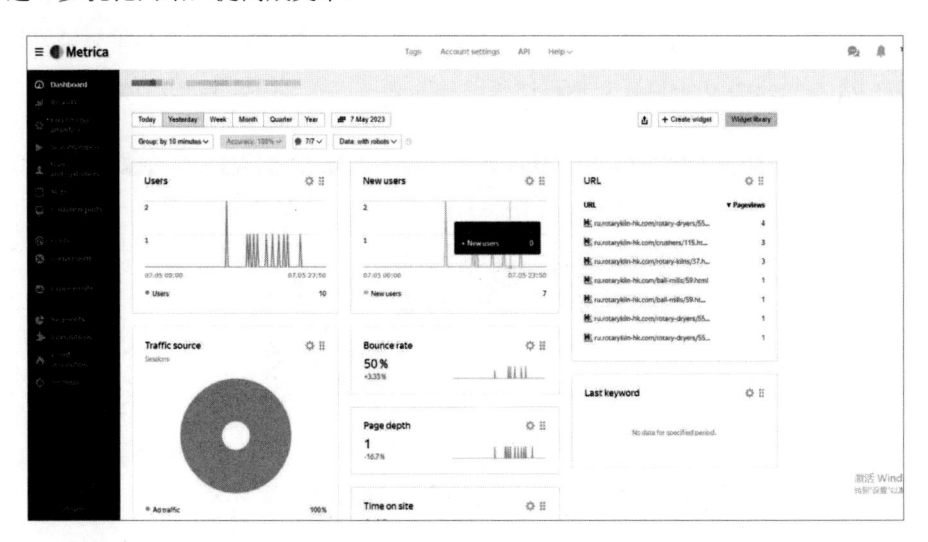

图 6-25 Yandex Metrica 后台页面

6.2.5 账户优化技巧

（1）要保证重点地区的预算。在进行广告推广时，有些国家和地区投入很高却很难有订单，在预算一定的情况下，这些国家和地区的过多投入会限制其他地区的推广效果。因此，在账户运行 2~4 周后，可借助 Report Wizard（报表大师）工具定期分析各地区的消费和转化情况，为效果好的国家和地区创建单独的广告系列，分配更高的预算，以保证推广效果。

（2）每天关注搜索词，注意添加关键词、否词。

（3）定期分析用户在网站上的行为并根据发现的问题进行优化。

6.3 NAVER

6.3.1 NAVER 简介

NAVER 是韩国 NHN 公司旗下著名的门户网站，也提供搜索引擎服务，是韩国市场占有量最大的搜索引擎网站，于 1999 年 6 月开始正式运行，2002 年在 Kosdaq（科斯达克，韩国证券交易商协会自动报价系统）创业板上市，业务主要集中在韩国、日本、中国及东南亚地区。如图 6-26 所示，NAVER 首页聚合了大量的资讯信息，如股票、新闻、房地产、图书、博客、地图、天气、购物等。NAVER 在韩国市场的影响很大，因此如果要针对韩国市场销售产品，在 NAVER 上进行营销推广是必须的。

图 6-26 NAVER 首页

6.3.2 注册广告账户

有两种方式可以注册 NAVER 广告账户。

一是自行注册，但是需要可进行法人代表本人认证的韩国手机号和韩国营业执照。如果没有韩国营业执照只能通过代理商注册。

二是通过代理商注册，需要拥有韩语独立站、营业执照、邮箱，并填写申请物料，其中独立站上的相关信息应与营业执照上的一致，由代理商审核网站和营业执照。

6.3.3 常见广告类型

NAVER 广告有五种类型。

1. 网站搜索广告

相当于 Google 的搜索广告，其以 NAVER 搜索用户为目标，通过用户的搜索词匹配相关卖家的网站、商品、内容，按照点击付费。因为网站搜索广告只有在用户搜索特定关键词时，才出现在搜索结果页面的显著位置，所以可准确定位用户，而且关键词价格可控，因此是性价比比较高的广告类型。

网站搜索广告在 NAVER 综合搜索页面、知识网络、博客等页面展示。首页最多可以展示 10 个 PowerLink 和 5 个 BizSite，PowerLink 和 BizSite 的形式如图 6-27、图 6-28 所示。

图 6-27　PowerLink 的形式

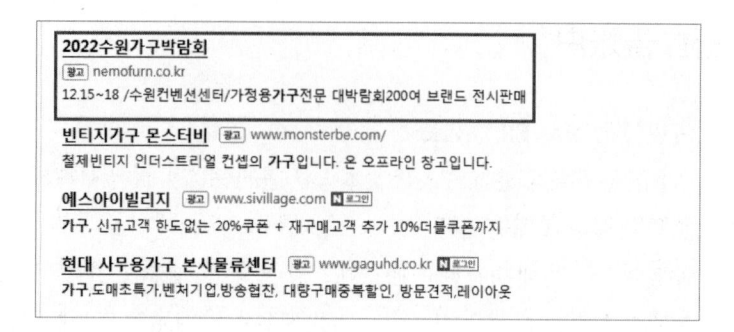

图 6-28　BizSite 的形式

2. 购物搜索广告

购物搜索广告如图 6-29 所示，包含产品标题、所属栏目、材质、价格、发布日期、销售数量等内容，按照点击付费。当 NAVER 用户搜索某产品时，购物搜索广告以卖家"产品"为单位曝光于 NAVER 综合搜索的消费领域及购物搜索结果页面。要使用这种广告类型，需要卖家入驻 NAVER Shopping。

图 6-29　购物搜索广告

3. 内容搜索广告

内容搜索广告是指通过给搜索用户提供优质内容，与用户之间建立信赖关系，将访问转化为实际购买、增加会员数、诱导访问实体店等，从而提升广告效果的营销产品，一般根据卖家创建的内容及其与用户搜索词的相关性来展示，展示排名由广告的质量指数和出价共同决定。内容搜索广告的内容看起来像是用户生成内容，即用户原创内容，所以能降低访客看到广告的抵触感。与关键词广告相比，优质的内容搜索广告的跳出率更低、用户在网站的停留时间更长。

内容搜索广告在 NAVER 博客、咖啡馆板块展示，一般出现在板块中间位置且最多展示两个广告，按照点击付费，平均单次点击费用较低，内容搜索广告如图 6-30 所示。

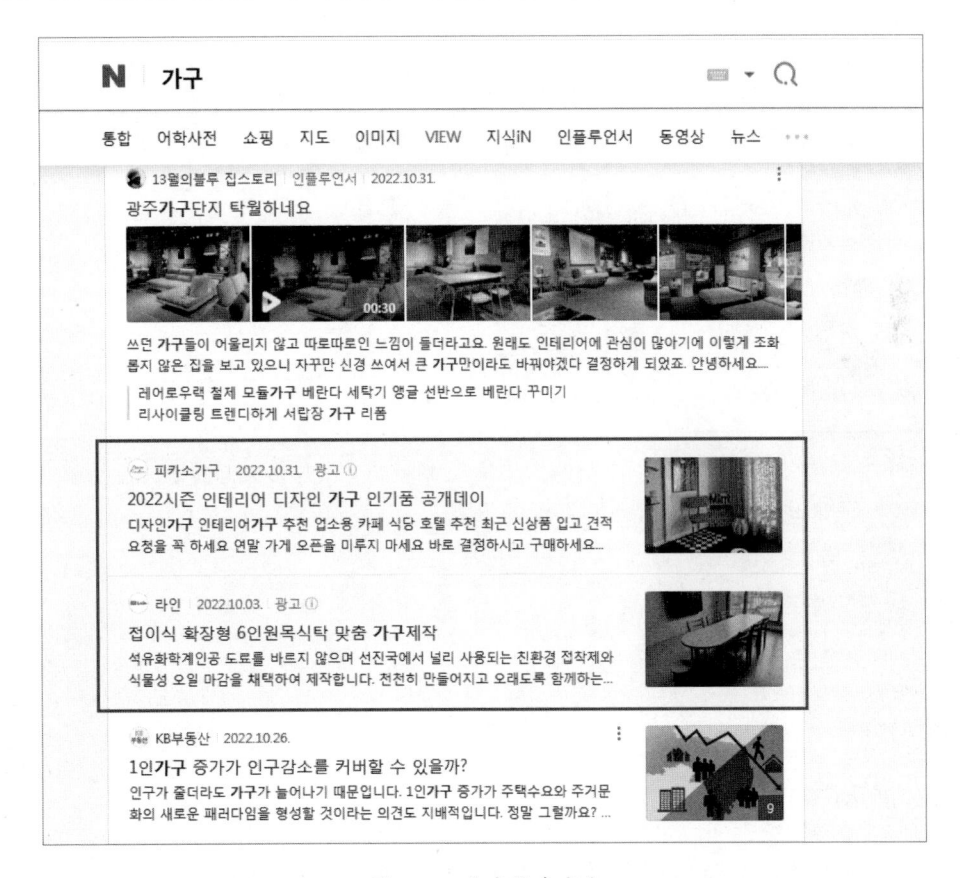

图 6-30　内容搜索广告

4. 品牌搜索广告

品牌搜索广告是在用户搜索品牌关键词时，以文字、图片、视频等方式在综合搜索结果的最上端曝光的与品牌相关的营销内容。NAVER 品牌搜索广告是最突出的广告类型，可有效展示品牌形象。展示位置位于 NAVER 综合搜索页面最上端，在首页单独展示 1 个。如图 6-31 所示，是三星手机的品牌搜索广告。品牌搜索广告的费用取决于每月的展示次数，可以选择展示 7 天、30 天、90 天。与关键词广告相比，品牌搜索广告的点击率更高，产生的点击次数也更多。卖家设置关键词时只能选择与公司名称相关的关键词，在任何时间，只有 1 家公司可以为这些关键词宣传品牌搜索广告。编辑广告时可以将许多图像和附加链接添加到品牌搜索广告中。

图 6-31　三星手机的品牌搜索广告

5. 展示广告

展示广告的展示形式可分为图片型、图片幻灯片型、视频型等多种类型，如图 6-32 所示。展示广告可以通过性别、年龄、地区、关注点、设备等多种定位组合寻找潜在客户。

图 6-32 展示广告

6.4 Yahoo

6.4.1 Yahoo 的特征及优势

Yahoo 由杨致远和大卫·费罗于 1994 年在美国创立。Yahoo 的发展模式是"在当地找到一个合作伙伴,把最好的资产和最好的技术相结合",基于这种发展模式,1996 年 4 月,雅虎全球与孙正义的软银公司共同成立了日本雅虎(Yahoo! Japan),其中软银公司占股 51%,雅虎全球占股 35%。第二年,Yahoo! Japan 在 JASDAQ 证券交易所上市。Yahoo! Japan 首页如图 6-33 所示。

Yahoo 的每月访问量在全球排名前十,在美国、墨西哥、加拿大等国家也很受欢迎,业务覆盖几十个国家和地区,在日本的市场占有量排名第一。Yahoo 能为用户提供搜索引擎、邮箱、新闻等服务。使用 Yahoo 的人群大部分具有高收入、高学历、高消费的特点,商务人士居多,年龄主要为 25~60 岁,这些用户群体具有较大的消费潜力。

图 6-33　Yahoo! Japan 首页

6.4.2　注册广告账户

　　广告账户注册需要提供网站、营业执照、护照。目前，国内的 Yahoo 代理商代理的都是非日本账户，但广告也可以投放到日本，客户和流量主要来自欧美国家。如果主要针对日本市场，就需要通过日本本国代理商注册账户或自行注册 Yahoo! Japan 账户。

　　进入注册页面，单击如图 6-34 所示按钮，进入如图 6-35 所示页面。如果对日语不熟练，可以单击右上角的"English"按钮调换成英文页面。填写公司名称、邮政编码、经营地址、电话号码、网址等信息。填写后单击"确认"按钮，进入"重新确认"页面，检查输入的信息，然后勾选同意两个协议。单击"确认"按钮进入验证页面，如图 6-36 所示，单击"Apply"按钮，卖家注册时填写的邮箱会收到标题为"Yahoo! JAPAN Business ID Confirmation Code has been issued"的邮件并接听到语音发送的 5 位号码，输入从电子邮件中复制的 6 位确认码和从电话中确认的 5 位号码，并输入设定的账户密码，单击"验证"按钮，邮箱将收到另

第 6 章　独立站搜索引擎的付费推广 | 239

一封电子邮件"[Yahoo! JAPAN Ads] Welcome to our service",如图 6-37 所示,代表账户注册完成。

图 6-34　注册页面

图 6-35　注册详情页

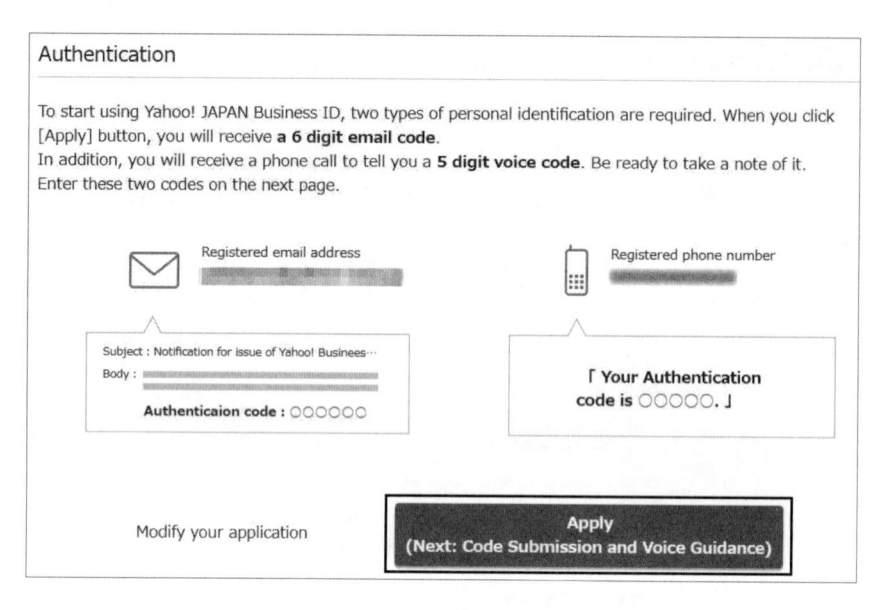

图 6-36　验证页面

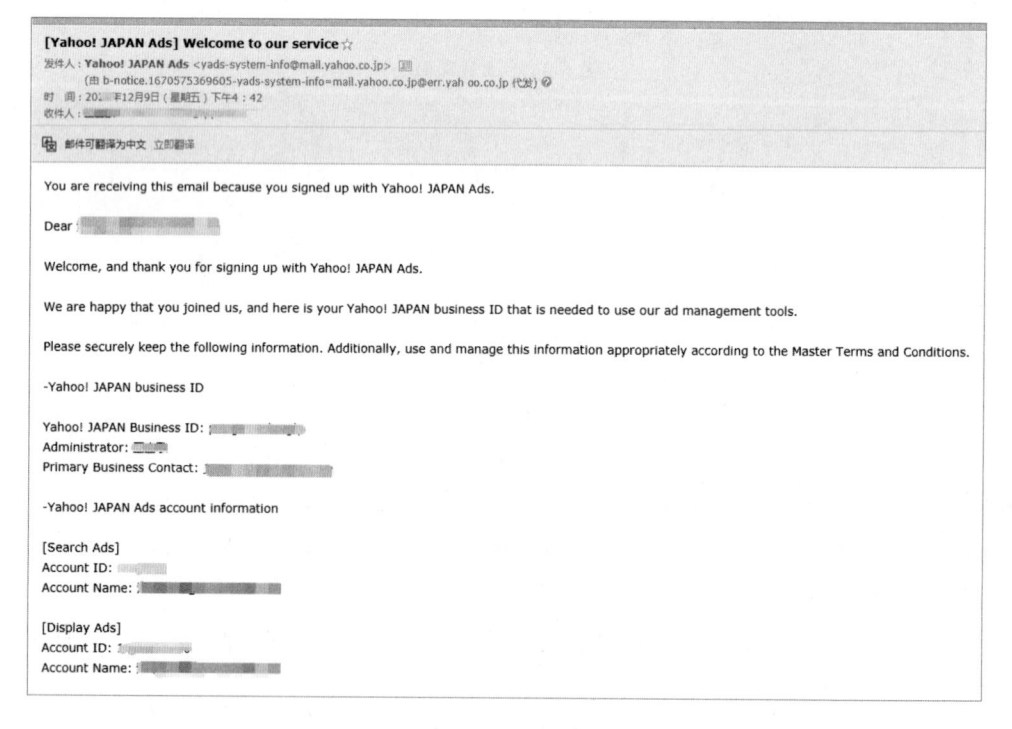

图 6-37　账户注册成功通知邮件

6.4.3 常见广告类型

Yahoo 在不同地区有不同的广告类型，如在欧洲、中东和非洲地区投放广告，可以选择搜索广告、展示广告、音频广告、数字户外广告等，Yahoo! Japan 则包括两种广告类型：搜索广告和展示广告。

搜索广告其实就是关键词广告，用户通过搜索关键词搜索需要购买的产品或服务，如果用户搜索的关键词和广告中的关键词相匹配，广告就会展现在用户面前。

在搜索广告上创建广告系列时，可以根据广告投放的目的来选择广告系列的类型，目前有标准广告、应用推广广告、搜索动态广告 3 类广告系列。为了提高广告给人的印象和转化率可以选择标准广告，其可在 PC 端和移动终端上展示。搜索动态广告会自动根据要推广的网站或与网页相关的关键词生成广告标题，即除自主添加的关键词外，它还会为与指定 URL 高度相关的关键词投放广告。应用推广广告是一种旨在让消费者下载应用到智能手机和平板电脑上的广告。

搜索广告关键词的匹配类型有 3 种：完全匹配、短语匹配、广泛匹配。完全匹配是指当卖家的关键词和用户搜索的关键词（互联网用户在搜索过程中输入的短语）大小写完全匹配时（包括空格和词序），就会展示广告。短语匹配是指当搜索的关键词包含与卖家关键词匹配的短语时，将展示广告。广泛匹配是指针对与卖家关键词同义或相关的搜索的关键词展示广告。如果匹配类型设置为广泛匹配，则完全匹配和短语匹配的情况也会展示广告，因此它的允许广告展示的范围最大。

广告展示的位置由广告质量和出价决定。广告质量和出价越高，广告获得的排名就越高，展示的位置就越靠前。卖家可以通过对关键词、预算、投放时间、位置等因素的调节来寻找精准的客户。

展示广告有 6 个目标，分别是视频观看次数、网站流量、应用推广、转化、物品促销、品牌推广；有多个定位选项，包括选择受众特征（性别、年龄等）、吸引流失的访客、覆盖搜索过的受众、针对特定的设备、指定广告位置。卖家可以通过广告目标和定位的不同组合来寻找目标客户。

在进行推广之前，卖家也需要在网站上安装跟踪转化代码或在广告着陆页上添加追踪符，以便搜集数据跟踪广告效果。

6.5 总结：如何做好搜索引擎付费推广

从前文对 Google、NAVER 等搜索引擎付费推广工具的描述中我们可以知道，各类搜索引擎付费推广的原理都是相通的、广告账户结构设置也是一样的，只是广告类型、展现形式不同。因此，如何做好搜索引擎付费推广的方法也是类似的。

6.5.1 优化网站、安装代码

付费推广吸引来的客户最终要进入网站查看所需要的产品和服务，因此卖家要对网站各项内容进行优化，以便改善客户体验。卖家要考虑网站语言是否符合目标客户的习惯、页面打开速度是否正常、网站排版布局是否符合目标客户的喜好、网站内容是否符合客户的浏览习惯等。

另外，卖家还要检查网站是否有禁止销售的产品，只有符合并遵守相关政策要求的网站才可以上线。网站自查合规后，卖家根据所使用的搜索引擎付费推广工具安装合适的代码，便于之后衡量广告效果。

在网站运行过程中，卖家也要定期检查网站链接是否能正常打开，网站留言、邮箱、付款等渠道是否正常。

6.5.2 完善素材资源、关注账户

卖家要在详细了解产品特质和市场需求的前提下，完善素材资源。素材资源包括商家徽标、附加链接、宣传信息、结构化摘要信息、图片、视频、价格等。素材资源的添加与优化有利于访客更全面地了解产品与服务，提高转化率，增加销售额。

卖家需要每天查看账户消费数据，了解每个广告系列的流量情况，以 7 天或更长的时间为周期做对比，观察流量波动情况；添加否词，排除无关流量；研究出价、地理位置、设备端、重点关键词的数据变化。

6.5.3 效果衡量

投放广告是为了获得更大的影响力、更多的销售额，因此卖家要定期分析账户数据。如

果是独立站,卖家要知道客户搜索哪个关键词进入的店铺、哪个关键词及哪一条广告带来了成交、广告花费占销售额的比例、一般投入产出比是多少等,不能盲目地进行广告的投放。

本章习题

一、选择题

1. 单选题

(1) 在设置 Google 购物广告前,需注册(   )。

A. Google Trends　　　　　　　B. Google Analytics

C. Google Tag Manager　　　　 D. Google Merchant Center

(2) 俄罗斯使用率最高、最流行的搜索引擎是(   )。

A. Yandex　　　　　　　　　　B. NAVER

C. Yahoo　　　　　　　　　　 D. Google

2. 多选题

(1) 目前,Google 广告形式包括(   )。

A. 搜索广告、展示广告

B. 购物广告、发现广告

C. 应用广告、视频广告

D. 以上皆是

(2) 俄语区包括(   )。

A. 白俄罗斯、拉脱维亚

B. 立陶宛、格鲁吉亚

C. 阿根廷、亚美尼亚

D. 阿塞拜疆、哈萨克斯坦、乌兹别克斯坦

二、问答题

开通 Google 账户前需要做好哪些准备工作?

第 7 章

独立站订单处理与国际物流

在完成一系列优化、推广措施后，卖家通过独立站获得了第一个订单，由于独立站不依赖第三方平台的物流方式，卖家需要及时处理订单并发货。

国际物流和国内物流类似，同样需要通过物流渠道获取物流单号，将其添加到独立站订单处理页面，并通知买家物流单号，买家可以通过物流单号获得订单包裹的物流状态。国际物流通常路途遥远、物流资费偏高，超过一定金额还有通关、保税等环节，本章将对物流渠道和订单处理进行相关介绍。

7.1 跨境物流渠道

7.1.1 中国邮政国际包裹

中国邮政国际包裹的覆盖范围广、产品种类多，提供跟踪查询服务，业务通达全球 200 多个国家和地区。中国邮政在国内的网点多，因此无论卖家处于城市还是农村，一般都可以选择中国邮政发货。中国邮政的国际包裹包括以下几种。

（1）国际平常小包。国际平常小包具有经济实惠、交寄便利、渠道多样等特点，在部分国家无法做到全程跟踪。其对尺寸有一定限制，最高不超过 90 厘米，适合寄递 2 千克以内的轻小件物品。

（2）国际挂号小包。国际挂号小包与国际平常小包相比，具有全程跟踪、赔付保障等优点，寄递尺寸和重量限制与国际平常小包相同。

（3）e邮宝。e邮宝是中国邮政专门针对跨境轻小件物品的标准直发寄递业务，具有在线打单、时效稳定、全程跟踪等特点，重点路向全程平均时效为 7~15 个工作日，寄递尺寸和重量限制与国际平常小包相同，但一般比国际平常小包速度更快、更稳定。

（4）国际及港澳台包裹。国际及港澳台包裹具有全程跟踪、损毁补偿等优点，卖家可自主选择航空、陆运、空运等运输方式，价格更灵活，最高发货尺寸可达 2 米，最重可达 30 千克。

（5）e特快。e特快是中国邮政针对跨境包裹的快速直发寄递业务，具有可发大件、性价比高、在线打单、全程跟踪等特点，并且最高限重达 31.5 千克，最高尺寸达 1.5 米，适合较大件重物包裹的寄递。

（6）国际EMS。国际EMS的可寄递尺寸和重量一般和e特快相同，但针对国际EMS，中国邮政额外提供保价、代客包装、代客报关等延伸服务，清关便捷，速度一般也较快。

（7）e速宝。e速宝是中国邮政部分地区整合优质渠道资源，专门针对不同国家和地区推出的跨境电商商业渠道，该渠道的特点为商业清关、时效稳定、速度快、价格也具有竞争力，还提供赔偿和退件服务。与以上几种渠道相比，e速宝最高支持30千克的包裹寄递，还支持带电产品寄递，不过e速宝目前仅覆盖美国、英国、德国、法国、西班牙、意大利、泰国、新加坡、马来西亚、印度等少数国家，只在国内部分省市开展了相关业务，适合与相关国家有业务往来的卖家。

（8）其他。中国邮政也提供中速快件、中邮FBA等业务，适合商业快递、海外仓发货等寄递方式。

总体来说，中国邮政作为基础物流服务商，国际物流渠道产品比较丰富，价格也不高，能够满足大多数独立站卖家的需求。与其他商业快递和专线渠道相比，中国邮政具有覆盖广泛、寄递便利等优点。另外，中国邮政虽然也有国际EMS和e速宝等产品，不过时效和清关便利性仍有提高空间，因此建议卖家也了解一些商业快递和专线渠道。

7.1.2 商业快递

美国联合包裹运送服务公司（United Parcel Service Inc.，UPS）、荷兰邮政集团（TNT Post Group，TNT）、敦豪航空货运公司（Deutsche Post DHL，DHL）、联邦快递（FedEx Corp.，FedEx）统称为四大商业快递公司。

四大商业快递公司都在全球设立了转运中心，在主要城市都有直达航班，能够保证国际快递的时效性，并且商业快递能够快速清关，几乎可以实现在3到5个工作日内送达目的地，通过商业快递向发达国家寄递包裹，甚至可以在3个工作日内将包裹送达客户手中，这种时效几乎可以与国内快递的速度媲美，能够大大改善客户体验。

商业快递对寄递尺寸和重量同样有规范，可以寄递的包裹一般在21千克以内，超过21千克一般需要拆包。商业快递也能够寄递一些敏感物品，如带电产品等。

商业快递的运费价格偏高，比较适合价值大、利润高、重量轻的产品，如奢侈品、高端化妆品、电子产品、贵重首饰等，也适合寄递价格较高的定制品，如眼镜、艺术品、高端服装、定制首饰、纪念品等。相对而言购买高价产品的买家更在乎购物体验，因此如果卖家使用独立站销售相关产品，可以直接考虑使用商业快递。

7.1.3 物流整合服务商

在跨境电商发展过程中，一些物流服务商通过整合物流资源，自建系统对接多渠道物流产品，并整合物流服务提供给跨境电商卖家。由于切合跨境电商市场的需求，此类物流整合服务商迅速发展壮大，并逐渐自建专线渠道，成了市场上极具竞争力的跨境物流渠道。

递四方、纵腾、燕文等第三方物流整合服务商是国内跨境电商物流市场的第一梯队，物流整合服务商具有如下特点。

（1）可选物流产品多。由于整合了中国邮政、商业快递、自建专线等渠道，此类物流整合服务商可提供更多更直观的物流产品。

（2）价格具有竞争力。在与中国邮政和商业快递的合作中，物流整合服务商订单量多且供应稳定，因此价格具有竞争力。

（3）专线性价比高。物流整合服务商根据业务数据，对需求较大的物流线路自建专线，因为专线包裹量有保障，所以速度快、价格低、性价比高。

（4）个性化服务完善。除全球直发渠道丰富外，物流整合服务商往往还提供海外收件退件、海外仓存储、海外仓发货等个性化服务，从而满足更多独立站卖家的长远发展需求。

（5）物流运费查询便捷。卖家可以在发货之前，根据包裹尺寸、重量、目的地查询各渠道的运费。

物流整合服务商的产品和服务都比较适合独立站卖家，Shopify 等独立站平台均已对接递四方等物流整合服务商，卖家可以通过物流整合服务商生成物流单号上传至独立站平台。

7.1.4 海外仓发货

如果卖家提前在海外仓备货，那么订单也可以直接从海外仓发货，国内外比较知名的海外仓包括亚马逊 FBA、出口易、谷仓等。海外仓发货是本地直接发货，没有通关障碍，因此配送时效大幅提升，配送成本较低，并且海外仓还能够实现海外退换货，大大改善了客户体验。

海外仓需要提前备货，独立站新卖家在不了解市场行情的情况下，容易造成库存压力大、资金周转不畅等问题，并且海外仓储本身也是有成本的，因此不建议新卖家盲目备货。如果卖家已经具备稳定的订单量，则可以通过海外仓备货来管理库存和改善配送体验。

7.2 订单发货实操

本节以 Shopify 为例，介绍订单处理流程，并同步讲解中国邮政、递四方的国际运单的创建，其他独立站的订单处理流程及其他物流服务商的国际运单的创建大同小异，不再另行介绍。

7.2.1 订单处理流程

在产生订单后，Shopify 后台订单页面会显示所有订单的状态，处于已付款、未发货状态的订单意味着买家已经付款，等待卖家发货，如图 7-1 所示。

图 7-1 订单状态

选中一个需要发货的订单，订单详情页将显示如下内容。

（1）买家购买的具体产品、数量及付款金额。注意：这些信息在创建国际运单的时候将作为邮寄物品的申报信息。

（2）右侧显示买家的国家、收货地址、邮政编码、联系方式等信息。注意国际运单几乎都要填写邮政编码。订单详情页如图 7-2 所示。

第 7 章　独立站订单处理与国际物流 | 249

图 7-2　订单详情页

与国内不同的是，在美国等国家，手机号、电话号码等反而都不是必填项，因此如果卖家遇到没有手机号或电话号码的订单，也可以正常发货，不过为了妥投率，最好事先通过邮件联系客户获取手机号或电话号码。

单击"添加跟踪信息"按钮，打开"添加跟踪信息"对话框，输入运单号和运输承运商，如图 7-3 所示。

图 7-3　添加跟踪信息

卖家添加跟踪信息并保存后，即完成了订单处理流程。

7.2.2 国际运单创建

在此以中国邮政、递四方为例，讲解国际运单的创建。在创建国际运单之前，卖家应该先与物流服务商签署合作协议，无论是中国邮政还是递四方，卖家均需要通过签署合作协议获得协议客户账号。

1. 中国邮政国际运单的创建

卖家在注册并与中国邮政签署合作协议后，可以获得中国邮政的协议客户账号，登录中国邮政的发货系统，充值物流费用，并选择寄快递，填写相关寄递信息即可，具体如图7-4所示。

填写完成后，中国邮政将生成邮件号码，即运单号，卖家将运单号填入Shopify中，选择China Post保存。然后卖家在中国邮政协议门户的"订单管理"中打印面单，并将面单张贴到包裹上连同包裹交付中国邮政进行运输。此后，卖家在"邮件查询"→"计费查询"中可以查询邮件信息，包括寄达地区、邮件号码、收寄时间、计费重量和邮资。

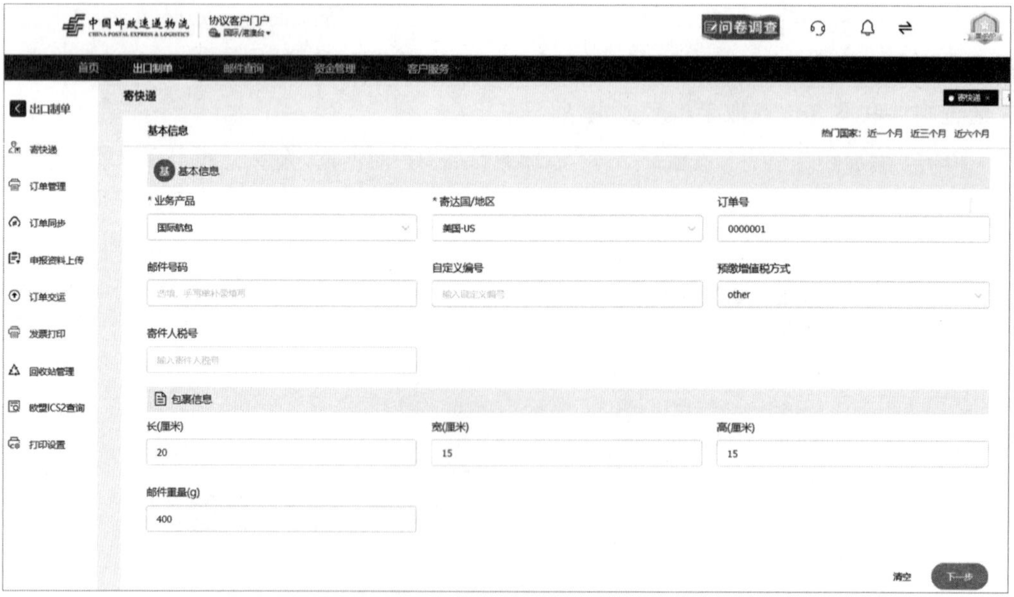

图7-4 中国邮政国际快递寄递信息

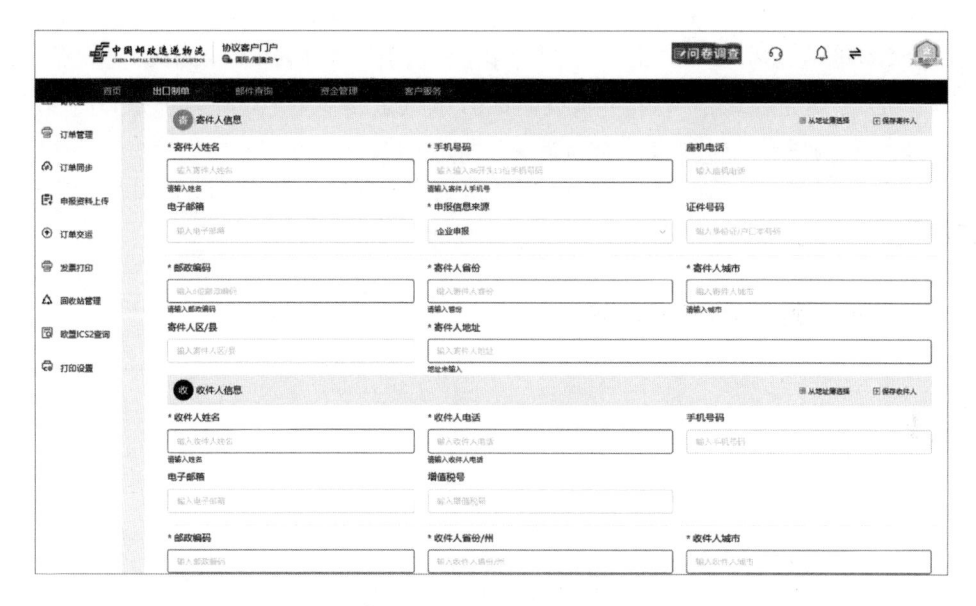

图 7-4　中国邮政国际快递收发信息（续）

2. 递四方国际运单的创建

卖家在注册并与递四方签署合作协议后，可以使用递四方的发货账号，卖家可以在发货之前先在服务中心进行物流费用试算，以选择合适的物流渠道，如图 7-5 所示。

图 7-5　递四方运费试算

选择好运输方式后，单击"立即下单"按钮，然后填写收件人信息、海关申报品信息等，如图 7-6 所示，填完后单击"保存并预报"按钮，即可获得运单号。卖家可以自行下载打印运单面单，并张贴到产品包裹上连同包裹交付递四方进行运输。

图 7-6　填写信息

需要注意的是，递四方的运单号有 4PX 单号、客户单号和服务商单号，如果卖家在 Shopify 的承运商中选择的承运商是递四方，那么运单号应该填写 4PX 单号。由于递四方也支持中国邮政、DHL 等物流服务商，如果卖家在 Shopify 的承运商中选择了其他物流服务商，那么运单号也应该填写相应的物流服务商单号。

另外，在创建国际运单的时候，各国申报金额都有一定的限制，不超过限制金额则可以免税发货，部分国家申报金额限制如表 7-1 所示。

表 7-1　部分国家申报金额限制

国 别	申 报 金 额	备 注
欧盟	150 欧元	IOSS 税号不超过 150 欧元，否则须 VAT 税号
英国	15 英镑或 22 欧元	超过须 VAT 税号
美国	800 美元	超过 2500 美元须正式报关
日本	130 美元	
澳洲	1000 澳元	

第 7 章 独立站订单处理与国际物流

续表

国　别	申　报　金　额	备　　注
加拿大	20 加元	限制金额较低，卖家须注意
新加坡	307 新加坡元	
墨西哥	50 美元	超过 50 美元加收 19%增值税+操作费

如果卖家发货货值超过限制金额，应提前获取当地税号进行申报。注意，故意申报低货值可能被拒绝免税，致使产品被海关扣押，必须交税清关后才能放行。因此，建议卖家如实申报产品货值。

卖家生成运单，将运单号填写到 Shopify 中，并且将产品打包贴单交给承运商，向客户发送电子邮件通知，就完成了全部发货流程。卖家可以实时关注物流跟踪信息，如果产品及时无损送达，则待客户签收后，支付机构将会正常打款。

至此，独立站的订单处理和发货流程就全部完成了。

本章习题

一、选择题

1．单选题

（1）以下属于跨境物流渠道的是（　　）。

A．中国邮政国际包裹

B．申通快递

C．天天快递

D．圆通物流

（2）加拿大对于国际包裹的免税金额是（　　）。

A．22 加元　　　　　　　　B．15 加元

C．20 加元　　　　　　　　D．50 加元

2．多选题

（1）以下属于中国邮政国际包裹的产品有（　　）。

A．国际挂号小包

B．e邮宝

C．e特快

D．国内 EMS

（2）以下属于四大商业快递的是（　　）。

A．UPS　　　　　　　　　B．TNT

C．DHL　　　　　　　　　D．Fedex

二、问答题

如果独立站产生了一个法国订单，是一件重量为 1 千克的普通产品，要求 14 天内送达客户，应该选择什么渠道？

附录 A　SEO 常用术语

每个 SEO 从业者想要实践和提高自己的 SEO 水平，就必须要熟悉 SEO 相关术语，对于常用的一些术语，还需要掌握它们的使用方法。目前，SEO 主要是基于 HTML 语言进行的，所以作为一名独立站的站长，熟练掌握 HTML 语言是进行 SEO 的基础。接下来，我们会按英文名的首字母进行排序来介绍 SEO 常用术语。这些术语基本涵盖了 Google SEO 知识的方方面面，由于篇幅关系，对于具体内容就不做详细介绍了，可以自行去搜索找到这些术语的具体介绍和详细使用方法。

#

10x Content（10 倍内容）

10x Content 是指想取得好排名，就要提供比目前排名最高的页面内容优秀 10 倍的内容。

301 Redirect（301 永久重定向）

301 Redirect 是指将用户带到新的网址，并告诉搜索引擎该页面已永久重定向。

302 Redirect（302 重定向）

302 重定向通常简称为临时重定向。

404 错误页面

404 错误页面是指用户所访问的对应页面已被删除、移动或从未存在。

A

加速移动页面（Accelerated Mobile Pages，AMP）

AMP HTML 是一种为静态内容构建的 Web 页面，提供可靠和快速的渲染，能加快页面加载的时间，特别是在移动 Web 端查看内容的时间。

替代文本（Alt Text）

替代文本也称为"Alt 属性"或"Alt 标签"（Alt Tags），一般用来描述页面上图片的外观和功能。

锚文本（Anchor Text）

锚文本是超级链接上可点击的文本，Google 通过锚文本能更好地理解链接页面的内容。

伪原创（Article Spinning）

伪原创是指把一篇原创的文章进行再加工，使其让搜索引擎认为是一篇新的原创文章，伪原创可以手动或使用自动化软件来完成。

文章联合（Article Syndication）

文章联合是指一个或多个第三方站点重新发布其他地方出现的原创文章的副本。

自动生成内容（Auto-Generated Content）

自动生成内容是指使用程序或代码自动生成的内容。

B

必应网络管理员工具（Bing Webmaster Tools）

必应网络管理员工具是 Microsoft 的一项免费服务，可帮助卖家监控网站在 Bing 搜索结果中的情况。

黑帽 SEO（Black-Hat SEO）

黑帽 SEO 是指通过研究和利用搜索引擎算法漏洞，使用搜索引擎禁止的方法来取得排名的手段，也是 Google 重点处罚的对象。

网站跳出率（Bounce Rate）

网站跳出率是评价一个网站性能的重要指标。网站跳出率高，说明网站用户体验做得不好；如果跳出率较低，说明网站用户体验做得不错，用户能够找到自己需要的内容。

品牌关键词（Branded Keyword）

品牌关键词是指包含品牌名称的单词或短语，人们可以通过搜索品牌关键词找到他们想要的产品和信息。

面包屑导航（Breadcrumb Navigation）

面包屑导航是内部链接，可为用户和搜索引擎提供清晰的路径，它们绝大部分看起来就像这样：首页＞分类页＞次级分类页。

桥页（Bridge Page）

桥页是指一个页面打开之后会自动（或手动）转到其他页面。

断链（Broken Link）

断链是指向不存在的网页的链接，它们可以是内部链接，也可以是外部链接。

C

缓存页面（Cached Page）

缓存页面通常被称为 Google 缓存的网页副本。Google 抓取网页并将每个页面的快照作为备份，以防当前页面不可用。

规范标签（Canonical Tag）

对于一组内容完全相同或高度相似的网页，使用规范标签，可以知道哪个页面为规范网页。规范标签能够规范网址并避免搜索结果中出现多个内容相似的页面，帮助解决重复内容的收录问题，避免网站相同内容网页的重复展示及权重的分散，提升规范网页的权重，优化规范网页的排名。

规范网址（Canonical URL）

规范网址是一组内容完全相同或高度相似的网页的首选版本。

网站核心指标（Core Web Vitals）

网站核心指标是与Google用户体验相关的因素，包括页面稳定性和关键元素加载速度。

网页可爬性（Crawlability）

网页可爬性是指网页是否容易被搜索引擎爬虫抓取。

搜索引擎爬虫（Crawler）

搜索引擎爬虫（又被称为网页蜘蛛、网络机器人），是一种按照一定的规则，自动抓取万维网信息的程序或脚本。

D

Dofollow 链接（Dofollow Link）

Dofollow 链接是指可以传递权重的链接。

重复内容（Duplicate Content）

重复内容是指同样的内容出现在网络上不同的地方。

动态网址（Dynamic URL）

动态网址是指包含了可变参数的网址。

E

编辑链接（Editorial Link）

编辑链接是指从其他网站单向指向卖家网站的链接。

外部链接（External Link）

外部链接是指从自身网站上指向其他网站的链接。

外链建设（External Link Building）

外链建设是让其他网站链接到卖家网站页面的过程。

G

Google 快讯（Google Alerts）
Google 快讯是 Google 提供的免费服务，可监控网络中特定搜索内容的变化。

Google 算法（Google Algorithm）
Google 算法是指用户进行搜索时，Google 用来对匹配结果进行排名的规则。

Google 分析（Google Analytics）
Google 分析是 Google 提供的免费网络分析工具，可让卖家跟踪和衡量网站上的用户流量及行为。

Google 自动填充（Google Auto Complete）
Google 自动填充是指输入关键词搜索时，Google 自动给出的其他搜索建议。

Google 炸弹（Google Bombing）
Google 炸弹是通过增加网页的网页级别，试图篡改 Google 搜索结果的一种行为。

Google 爬虫（Googlebot）
Google 爬虫是 Google 的网页抓取机器人。

Google 跳舞（Google Dance）
Google 跳舞是指 Google 搜索引擎数据库每月一次的大规模升级。

熊猫算法（Google Panda）
熊猫算法是 Google 针对网站内容页面质量进行审核过滤的一种排名算法机制，目的是将质量低、含有垃圾内容的网页排名降低，使高质量的网页得到应有的较高排名。

Google 惩罚（Google PenAlty）
Google 惩罚是人工审核人员对违反 Google 网站管理员指南的网站施加的处罚。

企鹅算法（Google Penguin）

企鹅算法是 Google 于 2012 年发布的算法更新，对参与操纵链接和关键词堆砌的网站进行降权。

Google 沙盒（Google Sandbox）

Google 沙盒是指当一个新站点上线后，即使它内容丰富、结构良好，对搜索引擎和用户友好，也没有使用任何欺诈手段，但在最初的几个月里，在 Google 搜索中都不会有好的排名。

灰帽 SEO（Grey Hat SEO）

灰帽 SEO 是介于白帽 SEO 和黑帽 SEO 之间的 SEO 策略。

客座博客（Guest Blogging）

客座博客是指在别人的网站或博客上发表自己的博客文章，通常文章内容中存在指向卖家网站的链接，旨在提高卖家网站或网页的权重。

H

H1 标签（H1 Tag）

H1 标签是指最常用于网页标题的 HTML 标签。

H 标签（Header Tags）

H 标签是 HTML 标签，用于将标题和副标题与网页上的其他内容区分开来，按重要性从 H1 到 H6 降序排列。

HTTP 的加密版本（HTTPS）

HTTP 的加密版本，可保护浏览器和服务器之间的通信不被攻击者拦截和篡改。

I
内部链接（Internal Link）

内部链接是指同一网站内页面与页面之间的链接。

K
关键词密度（Keyword Density）

关键词密度是用来衡量关键词在网页上出现的总字数与其他文字的比例，一般用百分比表示。

关键词难度（Keyword Difficulty）

关键词难度是衡量关键词排名难度的指标。

关键词排名（Keyword Ranking）

关键词排名是指网站在特定关键词搜索结果中的自然排名。

关键词堆砌（Keyword Stuffing）

关键词堆砌是指通过在网页中大量重复使用关键词，提高关键词密度，达到提高关键词排名的目的。

L
交换链接（Link Exchange）

交换链接是两个网站进行互相链接的一种链接方式。

链接工厂（Link Farm）

链接工厂是指一群站点通过相互链接，来提高彼此的链接流行度，这些链接一般是无关的，而且大部分是软件自动生成的。链接工厂的唯一目的就是提高搜索引擎的排名，是一种黑帽 SEO 行为。

链接流行度（Link Popularity）

链接流行度是指链接到网站或网页的链接数量。

链接方案（Link Scheme）

链接方案是指为提高网站权重和搜索排名而制订的链接计划。

垃圾链接（Link Spam）

垃圾链接是指与目标网站内容毫不相干的外部链接，是 SEO 必须要避免的一种黑帽行为。

长尾关键词（Long-Tail Keyword）

长尾关键词是指每月获得少量搜索的关键词或短语，它们往往比核心关键词具有更长、更具体的内容，因此通常也具有更高的转化率。

M

描述标签（Meta Description）

描述标签是指为搜索引擎提供的网页简短摘要。

关键词标签（Meta Keyword）

关键词标签是指为 Google 以外的其他搜索引擎提供有关页面内容更多信息的元标签。

重定向标签（Meta Redirect）

重定向标签是指在设定的时间后将用户重定向到不同网址的代码。

机器人标签（Meta Robots Tag）

机器人标签是指告诉搜索引擎如何抓取页面或为页面编制索引的 HTML 代码。

元标签（Meta Tags）

元标签是指告诉搜索引擎有关网页的重要信息的 HTML 代码。

镜像网站（Mirror Site）
镜像网站是指存放在其他服务器上的网站副本。

N
负面 SEO（Negative SEO）
页面 SEO 是指通过黑帽 SEO 行为来打击竞争对手的网站排名。

Nofollow
Nofollow 是 HTML 代码标签中的一个属性值，目的是不让这条链接传递权重给链出网站。

不索引标签（Noindex Tag）
不索引标签告诉搜索引擎不要索引该页面。

O
站外 SEO（Off-page SEO）
站外 SEO 是指利用网站以外的资源提高搜索排名的一种 SEO 策略。

站内 SEO（On-page SEO）
站内 SEO 是指通过优化网站页面和源代码提高搜索排名的一种 SEO 策略。

开放图谱标签（Open Graph Meta Tag）
开放图谱标签能控制网址在社交媒体上共享时的显示方式。

自然搜索结果（Organic Search Results）
自然搜索结果是指搜索引擎中非付费的搜索结果。

自然搜索流量（Organic Traffic）
自然搜索流量是指来自搜索引擎自然搜索结果的流量。

孤立页面（Orphan Page）
孤立页面是指网站中没有指向它的链接的页面。

出站链接（Outbound Link）
出站链接是指指向网站外的链接。

P

页面加载速度（Page Speed）
页面加载速度是指一个网页加载完成所需要的时间。

PageRank 算法（PageRank）
PageRank 算法是指一种通过查看链接到该页面的其他页面的数量和质量来判断该页面价值的算法。

付费链接（Paid Link）
付费链接是指通过购买的方式取得的外部链接。

人们还问（People Also Ask）
　　人们还问是指回答与用户搜索查询相关问题的一种搜索排名功能，由 Google 自动生成。

私人博客网络（Private Blog Network）
私人博客网络是专门为链接到另一个网站，并提高其自然搜索排名而创建的博客站。

R

友情链接（Reciprocal Link）
友情链接是指网站之间的互补性互助合作，通过各自在自己的网站上放置对方网站的 Logo 图片或文字链接的形式，来实现双方的互相推广。

相关搜索（Related Searches）

相关搜索是指与输入搜索引擎的关键词相关的搜索查询，对于 Google 来说，一般出现在搜索结果页面的底部。

丰富摘要（Rich Snippet）

丰富摘要是指 Google 从页面 HTML 中的结构化数据中提取的内容。常见的丰富摘要类型包括评论、食谱和事件等。

Robots.txt

通过该文件，告诉搜索引擎，网站的哪些页面可以抓取、哪些页面不能抓取。

S

搜索算法（Search Algorithm）

搜索算法是指当用户进行搜索时，搜索引擎用来对匹配结果进行排名的规则。

搜索引擎优化（Search Engine Optimization）

搜索引擎优化是指通过优化网站或网页，从搜索引擎的自然结果中获得高质量流量的做法。

搜索引擎结果页面（Search Engine Results Pages）

搜索引擎结果页面是指当用户在搜索引擎中输入关键词查询后展示出来的结果页面。

搜索关键词（Search Term）

搜索关键词是人们在 Google 等搜索引擎上输入的一个词或一组词。

搜索量（Search Volume）

搜索量是指特定关键词平均每月的查询次数，可以以此来判断关键词的竞争激烈程度。

种子关键词（Seed Keyword）

种子关键字也称为核心关键词，可以通过它产生更多的相关关键词。

短尾关键词（Short-Tail Keyword）

短尾关键词是指具有高搜索量的关键词，因为竞争激烈，所以想要取得搜索排名较困难。

站点链接（Sitelinks）

站点链接是指显示在搜索结果链接之下的其他链接。

站点地图（Sitemaps）

站点地图是一个 XML 文件，列出了网站希望搜索引擎为其建立索引的所有页面。

结构化数据（Structured Data）

结构化数据是一种提供有关网页信息的标准化方式。

子域名（Subdomain）

在顶级域名前加前缀的都是该顶级域名的子域名，而子域名也分为二级子域名、三级子域名及多级子域名，如 mail.×××.com 就是×××.com 的子域名。

T

技术 SEO（Technical SEO）

技术 SEO 是指对网站进行技术调整，以帮助搜索引擎更好地查找、抓取、理解和索引网站的页面。

弱内容（Thin Content）

弱内容是指对用户而言无价值的内容。

标题标签（Title Tag）

标题标签用来指定网页标题的 HTML 元素。

顶级域名（Top-Level Domain）

顶级域名是指互联网上分层域名系统中最高级别的域名，如×××.com，×××.org。

U

整合搜索（Universal Search）

整合搜索是指搜索引擎在搜索结果中展示了除文字之外的，图像、视频、地图和新闻等。

V

语音搜索（Voice Search）

语音搜索是指用户通过语音与搜索引擎进行交互的搜索形式。

W

网站结构（Website Structure）

网站结构是指网站的组织方式及其网页相互链接的方式。

白帽 SEO（White-Hat SEO）

白帽 SEO 是指 Google 认可的网站 SEO 策略。

X

X-Robots 标签（X-Robots Tag）

X-Robots 标签是从网络服务器发送的 HTTP 标头，用于向搜索引擎爬虫发出各种指令。

附录 B SEO 工具推荐

SEO 工具能让卖家免于烦琐的关键词研究和数据分析。通过使用它们，卖家可以了解网站 SEO 的现状并根据工具给出的建议进行合理的改进。SEO 工具还能提供有关竞争对手的报告，助力卖家寻找更多的商业机会。如果卖家管理着多个网站，SEO 工具可以即时评估每个网站的现状，减少了大量的人工数据分析工作，在提高效率的同时，也减少了因为人工参与而发生的错误。以下推荐的 SEO 工具有收费的也有免费的，卖家可以根据自己的实际需求来选择。

1. Google 关键词规划师（Google Keywords Planner）

Google 关键词规划师是 Google Ads 中自带的关键词研究工具，通过使用它，卖家可以寻找和扩展与指定关键词有关的词汇，同时还可以挖掘竞争对手使用的关键词。

2. Google 站长工具（Google Search Console）

Google 站长工具是一款免费工具，可帮助卖家衡量其网站的流量、查看关键词效果、了解网站问题及从 Google 接收有关其网站的最新消息。它提供了有关网站在 Google 自然搜索和 Google 索引中的表现。与 Google 分析不同的是，Google Search Console 仅提供有关来自网络搜索的流量的信息，不提供其他更详细的信息，如直接流量、来自广告的流量或来自网站引荐的流量。

3. SEMRush

SEMRush 通过分析网站能帮助卖家更好地了解网站的搜索数据、流量，也包括竞争对手的情况。

4. KWFinder

KWFinder 是一款帮助卖家寻找长尾关键词的在线 SEO 工具。

5. Answer The Public

Answer The Public 使用来自 Google 和 Bing 的自动建议结果，为使用者提供大量关键词和相关问题列表。

6. SpyFu

SpyFu 主要用来跟踪竞争对手的 SEO 及关键词的付费竞价排名情况，它不仅能找到竞争对手所使用的关键词，同时也能展示他们所投入的广告费和排名。

7. Keywords Everywhere

Keywords Everywhere 是一款专注于关键词研究的 Chrome/FireFox 浏览器插件。

以上 SEO 工具的详细使用方法可以通过相应的官方网站进行学习掌握。另外，还有很多其他 SEO 工具，这里不再一一赘述。

附录 C 关键词研究的工具

1. Google Trends

Google Trends（谷歌趋势）是谷歌旗下一款基于搜索数据推出的分析工具。

2. QuestionDB

QuestionDB 是利用网络上的常见提问来寻找关键词的工具。

3. Answer The Public

Answer The Public 是通过 Google 数据来产生大量长尾关键词的工具。

4. TubeBuddy

TubeBuddy 能通过一个浏览器插件获得 Youtube 上的关键词信息。

5. Keyword Tool

Keyword Tool 是一款多渠道关键词获取工具，从 Amazon 关键词到 Google 关键词，应有尽有。

6. AlsoAsked

AlsoAsked 能通过 Google People Also Asked 数据库里的数据，衍生问题类长尾关键词。

7. Keyword Planner

Keyword Planner 是 Google 关键词工具。

8. SEMRush Keyword Magic Tool

SEMRush Keyword Magic Tool 是 SEMRush 功能强大的关键词分析工具。

附录 D 本书习题参考答案

第 1 章

一、选择题

1．单选题

（1）C　　　（2）A

2．多选题

（1）ABC　　　（2）ABCD

二、问答题

略。

第 2 章

一、选择题

1．单选题

（1）A　　　（2）C

2．多选题

（1）ABCD　　　（2）ABCD

二、问答题

略。

第 3 章

一、选择题

1．单选题

（1）C　　　（2）D

2. 多选题

（1）AB　　　　（2）ABCD

二、问答题

略。

第 4 章

一、选择题

1. 单选题

（1）B　　　　（2）B

2. 多选题

（1）ABCD　　（2）ABCD

二、问答题

略。

第 5 章

一、选择题

1. 单选题

（1）D　　（2）C　　（3）A　　（4）C　　（5）C　　（6）B

2. 多选题

（1）AC

第 6 章

一、选择题

1. 单选题

（1）D　　　　（2）A

2. 多选题

（1）ABCD　　（2）ABD

二、问答题

开通账户的同时还需要准备以下内容。

（1）VPN，即虚拟专用网络，是进入 Google Ads 的前提条件。VPN 软件有免费的也有付费的，一般来说，免费的软件有使用时间或网速限制，线路不稳定，建议使用付费的 VPN 软件，费用为 200~300 元/年。

（2）合适的网站。Google Ads 各类广告的最终着陆页，也就是客户访问的网页是网站的各个网页，要考虑到网站的语言、页面打开速度、排版、内容是否符合客户的习惯，满足他们的需求。关于网站的 SEO，在前文已经讲解过，这里不再赘述。

（3）产品目标市场/预算。要确定你销售的是什么产品，这些产品有什么特点可以吸引客户；产品在哪些国家畅销、容易成交，如印度、巴基斯坦的客户询价比较多，但是成交率较低；准备投入多少在 Google Ads 上面，希望达到什么样的效果，如询盘数量。

第 7 章

一、选择题

1．单选题

（1）A　　　　（2）C

2．多选题

（1）ABC　　　（2）ABCD

二、问答题

略。